100個宗教聖地
100個故事

100 Stories of
Holy Land

彭友智◎著

編輯序

　　比較不那麼遺憾的人生應該是「行千里路、讀萬卷書」，但哪有那麼容易實現？即使你的護照全球免簽證，還有金錢、時間、體力與客觀條件的限制，讓你終究無法走遍世界；即使你能買來古今中外所有的書籍，你也不可能一一讀過，變身成無所不知的搜尋引擎，不是嗎？

　　早看破這一點，也就會早一些想出應對的良方。比如我，想行千里路而不能成行時，就會看看那些旅遊的書籍；想讀萬卷書尋找人生的意義時，就會閱讀關於宗教與信仰的書籍。

　　假如你比我還要偷懶，就不妨看看眼前這本書。假如你問我推薦的理由，我也不妨說上幾個。

　　第一，它選擇的地點遍佈全球五大洲，幾乎是一張用宗教聖地重新標記的世界地圖。閱讀完後，豈止帶你走千里路？簡直是帶你飛越萬水千山，俯瞰人類文明的所有疆域。

　　第二，它選擇的宗教類別不僅僅包括公認的三大教，還有七類非常有特點的宗教派別：猶太教、道教、印度教、錫克教、神道教、苯教和媽祖教，為讀者免去孤陋寡聞的風險。

第三，它講述的宗教故事情節跌宕、人物各異，有的慷慨悲壯、有的驚心動魄、有的溫暖和煦、有的真誠堅定……一百個紛繁曲折的故事裡，只有兩樣特質是相同的：一個是它們都有堅定的信仰；另一個是它們都絕不乏味。

　　古典小說《西遊記》裡，孫悟空的第一位師父菩提老祖暗示牠半夜來學藝時，在牠的腦門上敲了三記；所以，做為本書的編輯，我的推薦理由也只給三個。

　　據說菩提老祖是三教合一的神仙，所以能教孫悟空騰雲駕霧、七十二般變化；本書是十教合一的讀物，閱讀之後達到「不出門如行千里路、閱一冊堪比萬卷書」的效果，這絕不是誇大其詞。

　　我無法給這本書分類，說它是旅遊類、宗教類還是文學類，我只知道它是一本綜合性的好書，是一劑改善貧乏靈魂與枯燥生活的良方。

　　之前，我已經告訴你們服食這劑良方的三個理由；若你們信我誠言，服食且受用，那我希望你們能回我一百個信服的理由。

前言

　　自宗教誕生至今，不僅派別數不勝數，發生的故事不計其數，宗教
聖地也是遍佈世界各地。什麼是宗教聖地？宗教聖地就是與某宗教教主
或重要人物生平事蹟有重大關係的地方。因此，宗教聖地都具有重大的
歷史意義和紀念意義，也就必然被其信徒視為神聖之地。

　　即使並非信徒，舉凡知道某一宗教聖地的歷史淵源，也會產生崇
敬之情、肅穆之感——蓋因每一宗教聖地的歷史無不寫滿了人類為信
仰、為文明所做出的奮鬥與犧牲。猶太教的哭牆、耶穌受難之地各各他
（Glogotha，或稱骷髏地，Calvary）、佛祖釋迦牟尼誕生的蘭毗尼園、
伊斯蘭教先知穆罕默德的出生地麥加、印度教的婆羅浮屠、雪域高原的
西藏苯教聖地、中國特有的道教眾聖地、印度的錫克教聖地、日本獨有
的神道教聖地……它們歷經千年的時光、世事變幻的劫難矗立在那裡，
是歷史的遺跡、是宗教人物存在的證據、是關於信仰無聲卻有力的證明。

　　聖地是無言的證明，而故事則是有言且生動的證據。你可能很難記

住一座大教堂的建築風格、建築年代，一條聖河的流經區域，但是卻很難忘記一個或驚心動魄、或溫暖光明的故事。所以，在這本書裡，讓我們用故事去瞭解每一個宗教聖地。

本書精選了十種宗教，其中有三大宗教基督教、佛教和伊斯蘭教，和七種比較有特點的宗教，即猶太教、道教、印度教、錫克教、神道教、苯教和媽祖教，擇取這些宗教中最有歷史意義的聖地，並將該聖地發生過的最有代表性的故事以通俗的語言講述出來，並補充其相關的地理、歷史知識介紹，以期為讀者提供一個簡明扼要的宗教歷史典故範本。

假如有讀者欲往某些宗教聖地旅遊觀光，書中提供的一百個地方可當作是旅行參考，讓你在其中選擇感興趣的地方，來一次靈魂的淨化之旅、享受一回文化藝術的饗宴盛宴。即使不能親身前往感受宗教的神聖與莊嚴，也能從書中的故事裡領略其力量——雖不能至，心嚮往之，不也是很好的境界嗎？

目錄｜contents

第三章　佛光普照，澤被眾生 —— 佛教聖地

第四章　日月拱照，內外清修 —— 道教聖地

第五章　阿拉伯人的精神泉源 —— 伊斯蘭教聖地

第六章　恆河孕育的神秘文明 —— 印度教聖地

第七章　持劍者的號角 —— 錫克教聖地

第八章　大和民族的祭祀傳統 —— 神道教聖地

第九章　雪域高原的原始信仰 —— 苯教聖地

第十章　護航女神祝福的聖地

Section 1

人類最早的宗教文明
——猶太教聖地

耶路撒冷
——毀滅與重生

耶路撒冷舊城遠景

在波斯國王亞達薛西在位時期，擔任「酒政」一職的是一個名叫尼希米的猶太人，他是個虔誠的基督徒，言行謹慎，工作盡心盡力，從不馬虎。亞達薛西王和王后都非常滿意和信任他，並把他當作是自己身邊最可靠的親信。

有一天，尼希米的兄弟哈拿尼和其他幾個猶太人由耶路撒冷而來，順道拜訪了尼希米。他鄉與久違的親人重逢，讓尼希米非常高興，可是，他們卻帶來了一個壞消息。

哈拿尼告訴他：「經過那場戰爭後，住在耶路撒冷城裡的猶太人處境糟透了，成天受人欺壓、侮辱。雖然聖殿已經重建，但城裡仍然是破破爛

爛的，城牆倒塌，城門也沒有重新裝上。雖然返回耶路撒冷城的猶太人修復和建造了一些房屋，但城裡居民的安全根本沒有什麼保障。特別是到了深夜，城外飢餓的野獸跑到城裡的街道上遊蕩、吼叫，希望能捉到落單的人當成食物……耶路撒冷的人民簡直生活在水深火熱之中！」

尼希米聽完這番話後，既震驚又難過。

哈拿尼離開後，尼希米為故鄉猶太人的處境傷心落淚，晚上也無法入眠。他每天都跪在上帝面前禱告，向上帝傾訴他內心的擔憂和痛苦，懇求上帝能幫助他回自己的故鄉重建家園。

自從見過哈拿尼後，尼希米像是變了個人似的，臉上不再掛著和善滿足的笑容。可是，在工作的時候，他對國王必須面帶微笑，不敢露出愁容，於是他只能強顏歡笑。

細心的亞達薛西王注意到了尼希米的憂傷，他關心地詢問尼希米。儘管心中惴惴不安，尼希米還是用顫抖的聲音請求國王，讓他回去幫助他的同胞重建家園。

國王儘管非常不捨這位完美無缺的酒政，但還是答應了他的請求，只是要求他事情辦完後一定要馬上回來。尼希米心中歡喜萬分，他知道上帝應允了他的禱告。

亞達薛西王下令派一支兵馬護送尼希米返回耶路撒冷，並賜給他一道聖旨，要求管理迦南地的省長為尼希米的工作提供一切他所需要的幫助，這更使尼希米對重建家園充滿信心。

回到家鄉耶路撒冷的第二天早晨，在尼希米用一夜的時間審視了城裡的情況後，他召集了城裡猶太人的祭司和領導們，告訴他們他的身分和來意，並向他們當場宣讀了國王的聖旨。

尼希米號召眾人：「耶路撒冷現在變成這樣，城門被燒毀，城牆倒塌，

你們怎麼能忍受我們的聖城變成這樣呢？如果我們團結起來，一定能恢復成原來的樣子，一起努力使整座城市煥然一新吧！」這個喜訊像閃電一般傳遍了全城，許許多多的猶太人從四面八方趕到耶路撒冷，不分貧富老幼都參加了重建城牆和城門的工作。

猶太人的敵對者們知道消息後，千方百計想阻撓猶太人重建城牆的工作。他們派軍隊攻打耶路撒冷城，但尼希米早早聽到了風聲，派了一半修城的猶太人做為守城的士兵，使他們不敢輕舉妄動；後來，他們又派人來與尼希米談判，想趁機殺了他，甚至賄賂猶太人的祭司來合夥暗殺他，都被尼希米一一看破而沒有得逞。

工程終於在所有猶太人的努力下圓滿結束了。耶路撒冷城有了堅固高大的城牆和厚厚結實的城門，可以給居住在裡面的人有著安全的保障，它再也不是一個荒涼、破敗的城市了。令人稱奇的是，這項看起來艱巨的重建工程總共只花了 52 天的時間。

當耶路撒冷城建好的那天，整座城市充滿了歡樂氣氛。猶太人組織兩隊人浩浩蕩蕩地在城裡遊行，向天下宣告：透過努力他們擁有了自己的家園！最後，兩支隊伍繞著城牆會合，一起前往聖殿，向著一直鼓勵他們的上帝，表達他們心中萬分的感謝，和獻上最至高無上的讚美與尊榮。

小知識

耶路撒冷市位於巴勒斯坦中部猶地亞山的四座山丘上，是一座舉世聞名的歷史古城，距今已有五千多年的歷史。由東部舊城和西部新城組成，是以色列最大的城市，是猶太教、伊斯蘭教和基督教世界三大宗教發源地，三大宗教都把耶路撒冷視為自己的聖地。宗教和傳統、歷史和神學，以及神聖的處所和祈禱的房屋，使耶路撒冷成為備受猶太教徒、基督教徒和穆斯林崇敬的神聖城市。

哭牆

以色列

──天使的哭泣

哭牆

　　哭牆又稱西牆，是猶太教珍貴的遺跡。從外表看，這只是一面普通的大牆，每天都沉默地矗立著，可是許多猶太人來到此處，就會在牆下痛哭一番，這是什麼原因呢？

　　大約在西元前兩千年，在先知亞伯拉罕的帶領和千辛萬苦的尋找下，猶太民族的祖先希伯來人來到這塊被耶和華祝福的土地上定居繁衍，成了他們的美好家園，天使賜其名曰：「以色列」。

　　經過一代代的繁衍生息，西元前 973 ～前 933 年，偉大的大衛的兒子所羅門王創造了一個輝煌的時代，他帶領猶太人建立了雄偉壯麗的所羅門聖殿，來供奉耶和華。從此，這裡成了猶太人心目中最神聖的地方。

可惜在西元 30 年代時，上帝的兒子耶穌被派遣到人間來，盡職地向人們傳播真理、宣講「福音」、展現各種神蹟的時候，卻受到猶太祭司們的嫉妒以致遭到逮捕。

耶穌被帶到當時的羅馬總督彼拉多面前。經過交談，彼拉多知道耶穌無罪，想釋放他；但猶太人們被那些祭司矇蔽了眼睛，群情激憤，堅持要釘死耶穌。彼拉多明白殺害耶穌罪孽深重，於是他當眾洗手，說：「流這義人的血，罪不在我，你們承擔吧！」猶太人大言不慚地表示：如果耶穌無罪，就讓我們和我們的子孫承擔這一切。於是，耶穌就被冤屈地釘死在了十字架上。

釘死耶穌後三十餘年，猶太人真的應了他們的諾言，開始承擔當初犯下的滔天大罪。

西元 70～135 年，羅馬皇帝三次遠征耶路撒冷。羅馬軍隊攻入城內，耶路撒冷被夷為平地，被釘上十字架的人數不勝數，城中 60 萬人只剩下 7 萬活口，且都被賣為奴隸。

一次次犧牲慘烈的戰爭中，整個猶太戰爭中起義人民死難者達 110 萬，原本聖潔又富裕的耶路撒冷古城聖殿被洗劫一空，七寶燭臺等聖物被運往羅馬。猶太民族國破家亡，被掠為奴，背井離鄉，開始了一個民族的全球流浪史，直到 1948 年才重建以色列國。如今，結束漂泊的猶太人來到哭牆面前怎能不痛哭流涕，哀慟民族的流離失所和苦難的歷史。

當所羅門聖殿被熊熊大火燒毀時，一個時代倒塌了，就像是猶太人曾經堅定不移的信仰轟然倒塌了。

傳說六位聖潔的天使曾經坐在聖殿的一面牆上哀泣，祂們的淚水順著牆往下流，流入石縫中，從此黏結得緊緊的，大牆也就永遠不倒了。這面牆被後來的猶太人建成了哭牆，聳立在那裡，看歷史滄桑，看時代變幻，靜靜地見證著這段歷史悲劇。

　　善良的天使是為這段悲劇而哭泣的，猶太民族曾經是上帝最寵愛的民族，被耶和華救出埃及，脫離終生為奴的痛苦生涯。耶和華也是猶太人唯一信奉的神。可是猶太人卻恩將仇報，被利益矇蔽了心靈，釘死了耶和華派來凡間的使者耶穌，用子子孫孫流下的血和淚償還，才造成了民族苦難的歷史。

小知識

　　哭牆位於中東耶路撒冷城東區老城東部，高 18 米、長 28 米，由 27 層石灰石砌成。相傳西元前 10 世紀，大衛的兒子所羅門繼位，在耶路撒冷城內的錫安山上修建了一座猶太教聖殿，是古猶太人進行宗教和政治活動的中心，於是猶太教就把耶路撒冷做為聖地。後來在聖殿廢墟上築起一道城牆，猶太人稱為「哭牆」，成為當今猶太教最重要的崇拜物。

以色列 馬薩達要塞
——猶太人的最後堡壘

馬薩達破城處

　　西元 70 年，羅馬大軍攻佔耶路撒冷，大肆殺戮。倖存的猶太愛國者紛紛攜帶家眷，逃到地勢險峻的馬薩達。在馬薩達裡，倉庫裡儲存了滿倉滿庫的糧食，天上的雨水被城堡裡精密的管道匯集成一個大水庫。馬薩達的地勢得天獨厚，易守難攻，簡直是固若金湯的堡壘。

　　那時 1.5 萬人的羅馬軍隊很快地把馬薩達圍了起來。堅守在裡面的猶太人，包括婦女、兒童在內為 967 人。羅馬人在山腳下安營紮寨，並在西側修建了巨大的坡道，一直修到城堡的圍牆下。而與此同時，猶太人只是藉助希律王宮和周圍的帳篷和防禦工事，而且據史料記載，猶太人在這三年內並沒有進行任何回擊。最後羅馬人醒悟過來，派兵切斷水源，才使馬薩達要塞最終被攻陷。

　　據說，在馬薩達即將被攻破的前夕，守城領袖對全體猶太人發表演講，

18

強調寧可做為自由的人民死去，也絕不能做屈從羅馬人的奴役。他最終說服了大家選擇自殺。他有一段著名的演講：「我們是最先起來反抗羅馬、也是最後失去這個抗爭的民族。天亮時，我們將不再抵抗。感謝上帝，讓我們能夠自由地選擇和所愛的人一起高貴地死去。讓我們的妻子沒有受到蹂躪而死，讓我們的孩子沒有做過奴隸而死吧！把所有的財物連同整個城堡一起燒毀，但是不要燒掉糧食，讓它告訴敵人：我們之死不是因為缺糧，而是自始至終我們寧可為自由而死，不為奴隸而生！」

西元 73 年 4 月 15 日馬薩達陷落前夕，人類歷史上最悲慘的一幕在這裡上演。猶太人決定集體自殺，但又不忍心殺死自己的親人，只好先燒毀家產，再抽籤選出 10 個人做為自殺執行者，所有人都緊抱著妻兒躺在地上接受刺喉自殺，這十名殺手在完成他人自殺的工作後，再抽籤選出一個人來幫助其他 9 個人自殺。最後一個人在確認完成任務後放火燒毀王宮，用僅存的一點力氣躺在自己的妻兒旁自殺。第二天清晨，衝進城堡的羅馬人沒有受到任何抵抗，他們面對的是一座沒有一條生命的死城。

這件悲劇事件不僅僅描述了猶太人的歷史，更是人類自古以來尋求自由、反抗壓迫的抗爭精神的歷史寫照。馬薩達精神成為猶太民族英雄主義和自由品格的概括。馬薩達要塞已經成為猶太人的聖地，也成為了以色列愛國主義教育基地。以色列軍隊新兵入伍的第一課就是到這裡憑弔那 976 個堅守堡壘的勇士，然後莊重地唸出他們那段著名誓言：「馬薩達再也不會淪陷！（Masada shall not fall again!）」

小知識

馬薩達位於猶地亞沙漠與死海谷底交界處的一座岩石山頂，是一個地勢險峻的天然堡壘。它是裘蒂亞王國的希律王修建的宮殿群，是猶太人的聖地，也是聯合國世界遺產之一。現在看到的馬薩達古堡是 1965 一支考古隊挖掘出來的。古堡內遺跡有猶太希律王宮殿城堡，有古羅馬浴池和蒸氣室、儲水庫、墓碑、劇場，以及拜占庭時代基督教堂。

Date _____ / _____ / _____

Section 2
上帝的祝福與光同在
——基督教聖地

西奈山
——摩西的使命

西奈山

《聖經》中記載，由於移居到埃及的以色列猶太人勞動勤奮，並且以擅長貿易著稱，所以積攢了許多財富，這引起了執政者的不滿。加之執政者對以色列人的恐懼，所以法老下令殺死新出生的猶太男孩。

摩西出生後，他的母親為了保住他的命，就取了一個紙莎草箱，抹上石漆和石油，將孩子放在裡頭，把箱子擱在河邊的蘆荻中。後來被來洗澡的埃及公主發現，帶回了宮中。摩西長大後，一次失手殺死了一名毆打猶太人的士兵，為了躲避法老的追殺，來到了西奈山，並娶祭司的女兒西坡拉為妻，與岳父葉忒羅一起生活。

有一天，摩西正在山上放羊，突然看見一株灌木燃燒起來，摩西正不

知道如何撲滅，卻發現這株灌木非常奇怪，明明已經著火，但是枝葉卻依然青翠欲滴。這時摩西聽到一個聲音從灌木中傳來，這個聲音說：「我是你父親的神、亞伯拉罕的神、以撒的神、雅各的神。」摩西知道這是上帝的神蹟，於是趕緊脫掉鞋在地上跪拜起來。上帝說祂已聽到以色列人祈求結束苦難的禱告，祂讓摩西到執政者那裡去，要求解除對以色列人的奴役，讓他們獲得自由，重回故里。祂還讓摩西帶領以色列人去一個流著奶和蜜的樂土。

摩西知道自己不具備這樣的能力，也不知道如何說服執政者。於是，上帝教了他三個神蹟：一，立刻讓他的柺杖變成毒蛇；二，他的手長出痲瘋又神奇般地迅速癒合；三，將清水變成血。上帝還告訴摩西，祂將與摩西同在。

摩西按照上帝的教導在法老面前展示了這三個徵兆，執政者馬上答應了他的要求，還以色列人自由。

摩西帶領著以色列猶太人離開埃及。

在經過西奈山下時，摩西獨自上山，忽聽轟隆一聲巨響，上帝在火光中顯現。摩西趕忙迎上前去，接受了上帝為猶太人制訂的十條誡命，從而為猶太民族和宗教的獨立奠定了基礎。以色列人也目睹了這一切，他們歡聲雷動，熱淚盈眶，感謝上帝在以色列人陷入絕境時沒有丟棄他們。人們點起火把，一遍又一遍地誦讀著「摩西十誡」，徹夜未眠。

次日天亮，洶湧澎湃的人群萬眾一心，又亦步亦趨地跟著摩西，重新踏上了征途。

從此，西奈山又被稱為摩西山，成為基督教的聖山，基督教的信徒們虔誠地稱其為「神峰」。

後來，君士坦丁大帝的母親海倫娜在那株灌木旁建造了一座教堂──

燃木禮拜堂，確立了西奈山與基督教東正教派之間的淵源。西元 527 年，查士丁尼大帝和他的妻子希歐多爾拉在西奈山燃木禮拜堂的周圍興建修道院，主體建築在西元 548 到西元 565 年相繼完成。這座修道院被稱為聖凱薩琳修道院。

小知識

　　西奈山又叫何烈山、摩西山，位於西奈半島中部，海拔 2285 米，是基督教的聖山，基督教信徒虔誠地稱其為「神峰」。在西奈山上，上帝親授摩西「十誡」，被視為上帝的律法流傳至今，已演變成整個西方的核心價值觀。西奈山上建有紀念摩西接受上帝誡命的神廟，山腳下座落著世界上最著名的聖凱薩琳修道院，距今已有一千四百年，每年仍有成千上萬的信徒和遊客到這裡來朝聖、遊覽。

巴勒斯坦 伯利恆 ——聖靈誕生

伯利恆耶穌誕生地

西元前 4 年的一天，上帝指派天使加百利到凡間傳達一個有重大意義的訊息。

天使來到了拿撒勒城瑪利亞的家。瑪利亞所在的房間裡，聖潔的光芒瀰漫了起來。天使在光耀中顯現，溫和又歡喜地對瑪利亞說：「恭喜啊！蒙上帝賜福的閨女，主上帝與妳同在。」

瑪利亞被驚嚇到一句話也說不出來。

天使看到受到驚嚇的瑪利亞便安慰地說：「瑪利亞！不要害怕，我是侍奉上帝的天使加百利。上帝挑選了妳，妳將懷孕，生下一個兒子，妳要給他取名為耶穌。他是至高者上帝的兒子，他將會成為偉大無比的人。」

瑪利亞還是非常驚慌地說：「可是我還沒有成婚，怎麼能有孩子出生呢？」

　　天使加百利說：「瑪利亞，別擔心，是最聖潔的聖靈要降臨在妳身上，是上帝的兒子。上帝是慈悲又萬能的。」

　　瑪利亞是個虔誠又敬畏上帝的姑娘。她平靜下來，順服地說：「我是上帝的使女，就照著祢所說的，讓上帝的旨意成全在我身上吧！」於是聖靈就誕生在了她身上。

　　約瑟知道瑪利亞還沒過門就有了孩子的消息後，正在不解又傷心，上帝讓天使在夢中對他說：「約瑟！你只管放心，把瑪利亞迎娶過來。她所懷的孕是從聖靈而來，你要給她所生的兒子取名為耶穌（救主的意思）。」於是，約瑟把瑪利亞娶了過來，並一直疼愛照顧她。

　　過了一段時間，羅馬皇帝奧古斯都下令普查全國人口。命令裡規定，猶太人必須在規定日期內到自己原籍去登記。於是，約瑟不得不攜同大腹便便的瑪利亞到伯利恆去。

　　當他們到了伯利恆後，城裡的所有旅店房間都已經被先來的客人住滿了。還好有個好心人同情這對可憐的夫婦，讓他們到一間破舊的馬廄裡暫時住下。

　　耶穌就在這個時候誕生了，馬槽成了他的搖籃。

　　伯利恆的郊野牧羊人在輪班看守羊群。突然，一位天使從天而降，光芒四射，牧羊人很害怕。

　　天使說：「別害怕！我來報給你們一個喜訊。今天夜裡，在伯利恆，救主誕生了，就是主基督，你們要去看那嬰孩。他包著布，放在馬槽裡，記著這記號，你們就能找到那嬰兒。」

　　一大隊天兵、天使、天將和報佳音的天使一起讚美上帝，這佳音打破

了伯利恆夜間的寂靜。天使唱道：「在至高之處，榮耀歸於上帝！在地上，平安歸於上帝所喜悅的人！」

當美麗的明星閃爍在伯利恆上空時，東方的三位博學又有智慧的博士看到了。他們立刻騎上駱駝，跋山涉水，跟隨著星星指引的方向，去伯利恆尋找剛誕生的聖子。

那顆星星一直把東方三博士引到了伯利恆，他們發現了睡在馬槽裡的聖子。東方三博士立即恭恭敬敬地俯伏跪拜，並打開寶盒，將早已準備好的禮物黃金、乳香和沒藥獻給聖子耶穌。

邪惡的希律王聽說了東方三博士的故事，大為驚恐，他害怕這個嬰兒是未來的篡位者。於是，他毫不留情地下令，將最近三年在伯利恆出生的男孩一律處死。

天使又奉上帝的旨意來到約瑟的夢裡，對他說：「快起來，帶著孩子和他的母親，到埃及去，住在那裡等我的吩咐。希律王一定會來尋找這孩子，想滅除他。」驚醒的約瑟不敢怠慢，立刻帶著孩子和瑪利亞急急地逃往埃及。

約瑟、瑪利亞和聖子在埃及一直生活到殘暴的希律王死後，上帝在約瑟夢中告諭他可以返回了，才回到故鄉。

小知識

伯利恆，巴勒斯坦中部城市，位於猶太山地頂部，耶路撒冷以南。這是一個人口不多、面積不大但卻聞名世界的城市。傳為耶穌誕生地，是基督教聖地，建有耶穌誕生教堂，地位僅次於耶路撒冷的聖墓教堂。因這裡又有拉結墓，故亦為猶太教聖地。該城是最大的宗教紀念品生產中心，專門生產以橄欖木和珍珠貝為材料的聖物，還有刺繡工藝品。

拿撒勒
——耶穌的成長

拿撒勒報喜堂正面

　　耶穌的童年是無憂無慮在家鄉拿撒勒裡度過的。十二歲那年，父母帶他到耶路撒冷過逾越節，一起去恭敬地朝拜聖殿，給小耶穌的心靈留下強烈的震撼。

　　參加完儀式後，約瑟和瑪利亞趕緊回去，小耶穌卻逗留在那裡。他們以為小耶穌和同伴一起回家了，一時也沒有在意。

　　可是，黑夜降臨了，小耶穌還是沒有回來。約瑟和瑪利亞挨家挨戶地詢問，可是沒人知道小耶穌在哪裡。他們找了整整一天，終於在聖殿裡找到了毫髮未傷的小耶穌。他正著迷地和一群拉比^(註1)討論宗教問題，根本就忘了回家這回事。看到父母風塵僕僕地趕過來，孝順的耶穌非常內疚，

保證以後再也不會隨便亂跑了。

時光荏苒，耶穌漸漸地長大了，他變成一個善良又關心時事的人。

這時出現了一位對耶穌影響深遠個人，就是施洗約翰。

約翰生性嚴肅，不苟言笑，愛思考，小小年紀就離家出走，進入蕭瑟淒涼的大漠，像隱士般在荒涼偏僻的死海旁冥思苦想。雖然物質生活窘迫，只有一件駝毛做的舊襯衫陪伴著他，溫飽上只能果腹，但他覺得很充實。他思考人間，思考宗教，以先知自比，希望自己的品德能為所有族人樹立榜樣。

當時，統治者希律王是個暴君，暴戾恣睢，國家動盪不安，而猶太人民對祖宗之法也已丟之腦後。約翰對這個不公平的世界非常不滿意，他覺得祖宗之法是最應該受到尊重的。看到同胞們對執行祖宗之法漠然，他覺得是該站出來的時候。

他來到城市裡發表演講，言詞激烈、情緒激昂，說世界的大審判即將到來。這個蓬頭垢面、衣衫襤褸卻口出狂言的奇人很快聞名於世，人們議論紛紛，認為他就是救世主。約翰解釋他並不是救世主，只是耶和華派來為迎接真正救世主的使者。大家便認為他即使不是救世主，也是以利亞，是創造奇蹟的人。於是，約翰為眾多趕來相信他的信徒們施洗。

這時，耶穌已經成了一名木匠學徒。聽到周圍的人都在談論約翰，心裡產生了深深的震撼。他和許多人一樣步行到了死海，看到約翰在為一群信徒洗禮。他們跟在一位表情嚴肅、不苟言笑的先知後面，大聲叫著要浸入約旦河的泥湯中，表明自己的信心。

耶穌敬佩約翰勇於表達自己的信念，又覺得約翰講道時太過咄咄逼人，缺乏人情味，這是他覺得不足的地方。他也像其他信徒一樣接受約翰的洗

禮，在聽約翰講道後，他受益匪淺，但覺得還不夠。他效仿約翰，來到荒野當中，過著艱辛的生活，同時思考，在孤獨和遠離人群中找到自己的靈魂。

耶穌在荒野中很少吃和睡，而是規劃自己的未來。他日以繼夜地思考著約翰的話，閱讀用古希伯來文寫的聖書，熟知摩西律法知識和教堂中先知們傳下來的教義。他變得與眾不同，堅定清俊的面容像帶著吸引人的光環一般。

在三十歲那年，耶穌決定開始去傳授心中的道給所有人聽，他所傳播的影響了千千萬萬的人。

小知識

拿撒勒處於北部平原盡頭的山區，其北部就是耶穌傳教的加利利湖和現代戰略要地戈蘭高地。拿撒勒是耶穌在三十歲之前與雙親共同生活的地方，是千百年來全世界基督徒朝聖的地方，最早的基督徒也被稱為「拿撒勒人」。今天，在這座佈滿教堂的小鎮，基督教徒和穆斯林各佔了一半。

註 1：拉比是指負責執行教規、律法和主持宗教儀式的人。

各各他
──耶穌受難

以色列

各各他

經過在全國各地的傳道，耶穌變得很受歡迎，他苦口婆心傳授給人們的思想被越來越多的人所接受。他和藹可親，沉著鎮定，從不擺架子，這都贏得了人民的好感。特別是他所創造的神蹟、他醫治好的病人，這些故事讓耶路撒冷的人民對他仰慕不已。

當耶穌騎著小毛驢進城時，耶路撒冷城沸騰了，人們拋灑鮮花，盡情歡呼，迎接他的到來。可是，並不是所有人都歡迎他。有人在暗中帶著仇恨的目光看著他，那就是猶太人的祭司和當權者，因為耶穌的主張違背了他們的利益。

耶穌教導眾人兩條戒律：第一條是應該全心全意地熱愛上帝，第二條是要像愛自己那樣愛友鄰。耶穌主張天國無處不在；也曾為了救一位婦女

而破了安息日的休息戒律；他一視同仁，在外邦人、羅馬官員和「低賤」的人家裡吃飯、聊天，像朋友一樣……這些都挑戰著猶太祭司和當權者的權威。

眼看越來越多的人接受耶穌的主張，那麼耶路撒冷原本的權威系統豈不是要瓦解了嗎？他們一直以來的收益也將不復存在了。

法利賽人[註2]在旁邊恨得牙癢癢的，苦思冥想著怎樣陷害耶穌。

耶穌有一個門徒叫猶大，心胸狹窄，熱衷鉤心鬥角。他以自己是十二門徒中唯一一個猶太人而得意，又一直認為耶穌沒有足夠重視他而懷恨，魔鬼就這樣趁虛而入了。他為了報復和金錢，竟然偷偷找機會向法利賽人提供情報，告訴他們在什麼時候能抓住耶穌，並因此得到了大公會三十個銀幣的回報。

耶穌就這樣被抓住了。

不過，羅馬總督彼拉多提醒法利賽人，不能不經羅馬總督審問就隨便處死一個人。羅馬總督對耶穌進行審問後，判定耶穌無罪。法利賽人不願意就這樣放過耶穌。彼拉多只好提議讓他們把耶穌交給加利利國王來處置，因為耶穌是加利利人。

加利利國王對耶穌不瞭解，也沒什麼好感。在審判耶穌的法庭上，教徒們擠進法庭大喊：「他說他是國王，還親口說過他凌駕於法律之上。」希律王勃然大怒了，他不想自己的王位難保，他下令：「這人既然自稱國王，就給他穿上國王的衣服，送回彼拉多那裡去吧！」

彼拉多很無奈，雖然他有心救耶穌，可是猶太大公會的態度越來越強硬，為了國家的利益，彼拉多屈服了。他把耶穌交給大公會的人，他們可以任意處置耶穌了。為了能最大限度地污辱耶穌，他們決定把他釘死在十字架上，這是過去懲罰逃跑的奴隸的刑罰。

士兵們任意污辱耶穌：他們揪住耶穌，用一件骯髒的紫袍套在他身上，

用荊棘編成王冠扣在他頭上，對他吐口水，毆打，嘲笑。

然後，戲弄夠了的士兵們把十字架捆在他背後，押上了各各他山。和他一起受刑的還有兩個被判了死刑的小偷。

遍體鱗傷、又飢又渴的耶穌艱難地向冷寂的山頭走去。曾經的聖賢變成這樣，路邊圍觀的人都不由得流下憐憫的眼淚。他的頭上還繫了一張紙條，上面寫著：「拿撒勒的耶穌——猶太人之王」。

耶穌使出全身最後一點力氣，為所有人祈禱，請求上帝赦免那些加害於他的人。

耶穌看著聖母瑪利亞，大聲喊出了生命中的最後一句話：「我的十字架使命完成了。父啊！我將我的靈魂交在祢手裡！」

剎那間，晴朗的天空變成了烏雲萬里，黑暗籠罩了大地。懸掛在聖殿裡的幔子，從上到下裂成兩半。大地震動，岩石崩裂，墳墓也被震開了。看守耶穌的軍官和士兵、圍觀的人群看到異象都害怕起來了，說：「他真的是上帝的兒子。」

耶穌就這樣死了。當然，三天之後，他復活了。

小知識

各各他，又稱髑髏地，位於耶路撒冷西北郊，相傳為耶穌死難地。據《聖經·新約全書》中的四福音書記載：神的兒子主耶穌基督在這裡被釘死在十字架上。因此，「各各他」這個名稱和十字架一直是耶穌基督被害的象徵。這裡又被人們稱為黑暗之地，懷想基督之地。

註2：一個猶太人宗派，一度很流行，過於強調摩西律法的細節而不注重道理，要求所有的人都完全遵守。

耶穌聖墓教堂
——上帝之子復活

聖墓教堂

　　耶穌遇難的前一夜是猶太教最盛大的節日逾越節，耶穌和他的門徒們在耶路撒冷慶祝。在這「最後的晚餐」時刻，耶穌拿無酵餅和葡萄酒來和門徒們共同享用，並告訴門徒們死亡即將光顧，但有深刻意義。

　　當天夜晚，耶穌就遭到逮捕，陷害他的大祭司和猶太教最高評議會恨不得除之而後快，對他實行了非法刑訊和非法審判。之後，耶穌被帶到羅馬帝國的猶地亞總督本丟·彼拉多面前。彼拉多在公眾強大的壓力下，迫不得已選擇了死刑。

　　在耶路撒冷城外，耶穌被釘在十字架上窒息而死。阿瑞馬西亞的約瑟夫，一位帶著神秘色彩的聖徒，向彼拉多要了耶穌的屍體，埋葬在從一整

塊磐石中鑿出的一個墓穴裡。

耶穌受難後的第三天，按照猶太人的傳統，幾個虔誠的女教徒結伴來到耶穌的墳墓為他的身體擦拭香油。本來，人去世後就該立即完成這項工作，但是恰逢猶太人的安息日，所以被延遲到了第二週的第一天（週日）黎明時分，也就是耶穌死後第三天的拂曉。

抹大拉的瑪利亞、雅各的母親瑪利亞和撒羅米買了香料，要去抹耶穌的遺體。到了墓地後，忽然天搖地晃，主的天使由天而降，坐在已經滾開的石頭上。他們白衣勝雪，容貌像閃電一樣，守衛們早就嚇得戰慄不止了。墳墓入口的石頭竟然已經滾開，而且墳墓裡是還空的。

天使告訴婦女們：「不要害怕，我知道你們是尋找那被釘十字架的耶穌。他不在這裡，照他所說的，他已經復活了。妳們過來，看安放他的地方。妳們趕快去告訴他的門徒：『他已經復活了，已比你們先到加利利去；在那裡，你們會見到他！』，記住我告訴妳們的這些話。」

婦女們欣喜若狂。忽然，耶穌顯現在她們返回的路上，說：「願妳們平安！」她們又驚又喜地抱住他的腳。耶穌對她們說：「不要害怕，去告訴我的弟兄，叫他們到加利利去；在那裡，他們會見到我。」

抹大拉的瑪利亞聽到後，趕緊跑去告訴耶穌的門徒們，他們還在為耶穌的受冤而死悲傷哭泣。聽見耶穌復活和瑪利亞已經看見他的這些報告，趕緊跑回去告訴其他門徒。其他門徒卻半信半疑，沒有人相信死去的人還能復活，而且他們親眼看到耶穌死去，其中有些人還認為這些婦女在胡說八道而斥責她們。

彼得站起來，決定親自去看一看。跑到墓地去，俯身探視墓穴，只看見那塊麻紗，沒有別的。他非常驚奇，回去也告訴了他們。大家都覺得不解。

正在信徒們七嘴八舌的討論的時候，耶穌第一次向門徒顯現了。耶穌親自站在他們當中，對他們說：「願你們平安！」

信徒們也是凡人，看到復活，豈有不慌之理？他們驚惶戰慄，以為見到了鬼，個個縮成一起，不敢靠近。

耶穌溫和地對信徒們說：「你們為什麼煩擾呢？為什麼心裡疑惑呢？看看我的手和腳！是我，不是別人！摸一摸我，你們就知道。鬼沒有肉，沒有骨；你們看，我是有的。」

耶穌這樣說著，把手和腳給信徒們看。他們還不敢相信，卻又驚喜交集，高興耶穌生還。

耶穌問：「你們這裡有什麼吃的沒有？」信徒們拿了一片烤魚給他。他接過來像平常一樣在他們面前吃了。

耶穌鄭重地對信徒們說：「這一切事是從前我跟你們在一起時告訴過你們的：摩西的法律、先知的書和詩篇所敘述的關於我的每一件事都必須實現。」看到耶穌和平常人一樣吃食物，他們終於相信耶穌復活這個奇蹟了。

耶穌之後還現身過兩次。在幾週內，關於耶穌身體復活的消息被傳播給越來越多的人。後來耶穌升入了天堂。這個基督徒在耶穌升天節裡慶祝的大事，即是現在復活節的由來。

小知識

聖墓教堂又稱「復活大堂」，位於以色列東耶路撒冷舊城，是耶穌墳墓所在地，著名的基督教聖地，耶路撒冷基督教大教堂之一。傳說耶穌被害前，就是沿著「受難之路」背負著沉重的十字架，一步步艱難地走向刑場的。

梵蒂岡

梵蒂岡
城國

——使徒聖彼得的傳說

梵蒂岡聖彼得大教堂

　　彼得的本名是西門。他的弟弟安德列在老師「施洗約翰」的介紹下，與另一個門徒跟從了耶穌。安德列又帶領哥哥去見耶穌。當耶穌看見彼得時便說：「你是約翰的兒子西門，你要稱為彼得。」那時候，彼得還沒有完全相信耶穌。

　　耶穌在傳道的時候來到了加利利海邊。眾人甚是崇敬他，便簇擁他，懇求要聽神的道。面對求知心切的人們，耶穌借用了彼得的船做為講臺，稍微離岸，在船上為眾人講道。講完了道，要彼得到水深之處捕魚。彼得半信半疑，因為他昨晚整夜勞力，都一無所獲，但他依然照著耶穌的指示去做。沒想到一網撒下去，捕獲了滿滿兩條船的魚。此時，彼得深深體驗到耶穌的能力，毫不猶豫地扔下所有，成為耶穌最忠誠的門徒。

彼得比其他信徒堅定得多。一次，耶穌談論從天上降下來的糧食，很多人覺得虛幻而不現實，紛紛離開。彼得的信念卻毫無所動，他對耶穌說：「主啊！你有永生之道，我們還歸從誰呢？」

　　耶穌在傳道期間，四處奔波，也行了很多神蹟，如治好瞎子、瘸子等，證明他的身分。但許多人還是不明白而紛紛議論他是誰。有人甚至認為他是鬼王，擁有驅鬼能力。耶穌就此事問門徒，彼得立即回答說：「你是基督，是永生神的兒子。」見他不受別人的影響，堅定自己的想法，於是耶穌高興地稱讚了他。

　　耶穌受難前曾清楚地指示門徒，他到耶路撒冷去必受劫難，會被長老、祭司、文士等許多不理解的人欺凌，並且還有殺身之難，但在第三日會復活。彼得聽了緊張地拉住他，勸他不要去。他愛耶穌，但他不明白神真正為人犧牲的旨意。耶穌立刻責備了他：「你不體貼神的旨意，只體貼人的旨意。」

　　彼得也曾貪生怕死過。耶穌在被捕之前就預言：彼得會在雞鳴前三次不肯承認認識他。剛開始，彼得堅信自己的信念。結果，耶穌被捕後，而且被許多人審訊，看起來凶多吉少，彼得就真的開始害怕了。那個時候，耶穌的審訊室門外一片嘈雜，耶穌平靜地坐在屋裡，等待著命運的降臨。一個使女告訴衛兵們，彼得是耶穌的好朋友。衛兵抓住了他，並惡狠狠地審問他，彼得嚇得哆哆嗦嗦，果然三次都堅決不肯承認與耶穌的關係。

　　彼得跑出去後，想起耶穌曾經的預言，不由得痛哭起來。為此，彼得一直都非常後悔當年的懦弱。耶穌復活以後，對彼得三次不肯相認的行為做了懲罰，亦曾三次要求彼得餵養他的羊（信徒），並且預言他將來會因為信仰被人處死，用他的光榮榮耀神。

　　耶穌三天後復活了。彼得等十二門徒親眼見證了此刻。聖靈降在他們身上，使他們生命得以更新，軟弱被褪去，且領受到力量，從此勇敢而積

極地為耶穌工作。

在五旬節上，彼得高聲為耶穌做見證，引領很多人悔改。他首次到外邦人家裡傳道，到敬虔的義大利人哥尼流家裡為他們施洗，講述耶穌的救恩，把基督教之愛普及給世上所有的人。彼得還治理教會，行公正的審判，立執事，一生都為耶穌孜孜不倦地工作。

彼得殉道後，被葬在羅馬城的地下墓室裡，就是位於今日梵蒂岡小教堂的聖壇底下。按照羅馬人的習慣，他的墓室裡繪有後人為他畫的容貌圖，這也為千百年來後人瞻仰他的音容笑貌提供了方便，他的相貌也在很多藝術作品中流傳了下來。

小知識

梵蒂岡城國是世界上最小的主權國家，位於義大利首都羅馬城西北角的梵蒂岡高地上，四面都與義大利接壤，是一個「國中國」，領土包括聖彼得廣場、聖彼得大教堂、梵蒂岡宮和梵蒂岡博物館等。彼得是耶穌的十二個門徒之一，是耶穌最親密和忠誠的門徒。由於他是耶穌第一個選的門徒，被認為是由耶穌基督所揀選的第一位教宗。據說聖彼得就埋在梵蒂岡聖彼得大教堂內，1940 年梵蒂岡的發掘者聲稱，他們在聖壇下發現了彼得的遺骨。羅馬天主教把彼得確認為羅馬第一任大主教。

馬盧拉小鎮
——被拯救的忠誠信徒

敘利亞

馬盧拉聖塔克拉修女院

在敘利亞有一個古老的小鎮，叫馬盧拉，是著名的傳播基督教村莊。在馬盧拉小鎮上有一座同樣具有久遠歷史的修道院，即聖塞爾吉烏斯和巴克斯修道院。

聖塔克拉的墓穴就建在她奉獻了一生的修道院裡。墓穴旁邊，水珠像斷了線的珍珠般從屋頂墜落。來遊玩的遊客都相信這些水珠具有神奇的治病力量。聖塔克拉是聖保羅的一個學生，她深受這位偉大老師的影響，對基督教虔誠無比。聖保羅就是基督教十二門徒中最重要的門徒之一，他將基督教從敘利亞傳到了歐洲，在歐洲產生重大的影響。

傳說中，聖塔克拉的父親與女兒的信仰是對立的，他信仰羅馬異教。這位父親看起來沒有什麼民主信仰的觀念，因為他極力地鼓勵自己的女兒

改變信仰，但是女兒非常堅定她自己的信仰，毫不猶豫地拒絕了一次又一次。氣急敗壞的父親竟開始派士兵追殺她，聖塔克拉只得拼命地逃跑。她狂奔著，全然不顧路邊的荊棘刺傷了自己的皮膚，攀過一座又一座的山峰，試圖逃離父親的追捕，可是後面的士兵依然狂追不捨。

當她來到馬盧拉時，被一座巍峨的高山擋住去路，四周靜悄悄的，沒有人經過，只能聽到她強烈的心跳聲。她無計可施，聽到後面的追兵在獰笑地追趕著過來，聲音越來越近……在這山窮水盡的時刻，聖塔克拉沒有絕望地跳下自盡，而是高舉雙手祈禱，在心裡祈求上帝的救助，她堅信上帝會幫助她。這時上帝向她顯現了祂的大能和仁慈，奇峰羅列的高山突然轟然裂開，形成一條狹窄的通道，有點像一線天，於是她安全地穿了過去，逃脫了父親的魔掌。後來，這位有著傳奇的人生歷練的姑娘來到僻靜的山口內隱居，過著和平安靜的生活，並修建了一座修道院，把福音傳播給更多的人，在當地取得很高的聲望。

當她死後，人們就把她葬在其居室的洞穴內，山上有一處天然的泉水，就順著山頂的岩縫滴到墓地的水池內。人們一向把她當成這個小鎮的守護神，這泉水也認為是她賜予他們的，所以稱它為聖水。每到基督節日，都會來這裡參拜，並喝一口聖水，就能保佑他們平安幸福。

小知識

馬盧拉小鎮位於敘利亞，是著名的基督教村莊，座落在卡勒蒙山區，貼附在海拔 1500 米高的 Kalamoun 山的巨大岩石上，已有數千年的歷史。西元前 2000 年這裡曾屬霍姆斯王朝，從阿拉米時代到羅馬時代和拜占庭時代，這個小村在傳播宗教上發揮了重要作用。西元 4 世紀至 17 世紀，基督教主教府曾設於此地。在阿拉米語中，馬盧拉一詞指入口。這種古老的語種已瀕臨滅絕，目前只有馬盧拉及附近的兩個小村維持使用這種古老的語種。

聖米歇爾教堂建築群
——天使降臨

法國

聖米歇爾教堂建築群

　　當你來到聖米歇爾山的教堂建築群，看到海上這華麗又古老的建築在溫煦的陽光下反射出溫潤的光芒，也許你就會認為確有天堂。

　　早在古羅馬時期，聖米歇爾還不是一座島。那時，這片杳無人煙、終日被大西洋海水浸泡拍打、陰森昏暗的山崖被稱為墓石山。羅馬祭司們常到這裡來祭拜落日。西元 5 世紀時，海岸的一部分下沉沒入海水，墓石山變成了一座小島，距離陸地大約 6 公里。每天只有兩次退潮時，才能看到海水下滿是淤泥的底部，形成一條通往小島的危險之路。

　　聖米歇爾山的歷史從西元 708 年開始追溯。

　　來自阿弗郎什小鎮的紅衣主教奧貝一連兩夜夢見大天使蜜雪兒^{（註3）}。在

42

夢中，天使蜜雪兒用手遙遙地指著墓石山，示意他在此修建教堂。奧貝主教醒來後，雖然覺得驚異，亦有些狐疑，但卻不以為意，認為只是黃粱一夢。

可是，在一個狂風暴雨、電閃雷鳴的夜晚，天使蜜雪兒第三次出現在奧貝的夢中。這次，他可能怕遲鈍的奧貝還不瞭解自己的意思，就舉起光芒四射的神指，在奧貝腦門上點出了一個洞。

從夢中驚醒後，奧貝主教覺得這個夢實在太真實了，忍不住摸了摸額頭，沒想到還真的有凹痕！奧貝這才恍然大悟，明白真是天使顯靈。他不敢怠慢，立刻動身趕往墓石山，著手開始執行天使蜜雪兒的神旨，在山上開發浩大的修建教堂的工程。

但令人驚奇的是，教堂在修建過程中並不是一帆風順，反而怪事連連。

有一次，一塊原本在山頂空地的巨石突然滾落下來，砸傷了一個孩子的腳。這塊石頭跌落後，石頭島的淡水源就沒有了。奧貝主教將權杖釘在山崖上，結果泉水噴湧而出，人們都傳說這神奇的泉水能治病。

更神秘的是，有時在風雨交加的夜裡，建築工人能有幸看到周身光環圍繞的大天使蜜雪兒光顧，似乎是降臨凡間來檢查工程進度。

之後的八百年間，無數的教士和勞工們將沉重的花崗岩運過流沙，一步步拉上山頂；無數的建築家和藝術家在花崗岩上修整和雕鑿。直到 16 世紀，聖米歇爾山教堂群才真正完工——奧貝主教的三個夢讓人們忙了八個世紀。

教堂建成後，修士們便開始遷居到聖米歇爾島。人們也陸續開始上島，以求得到聖潔美好的大天使蜜雪兒的庇護。

或許這座島註定不食人間煙火，不肯輕易讓人看到它神秘的面紗，上島的路異常艱險可怕。人們要穿越最險惡的風暴，熬過最艱苦的旅程，許

多人懷著尚未了卻的心願在途中喪失了生命，有的是陷入海灣鬆散的流沙中，有的是被突然高漲的潮水捲走。

但所有這些可怕的困難都擋不住虔誠信徒朝聖的決心，關於人們朝聖倖存下來的傳說故事也不少。如今，聖米歇爾山已經是法國著名古蹟和基督教聖地了。

　　註 3：在聖經故事中，聖米歇爾（又譯米迦勒，Archangel Michael）是守護天堂入口的大天使，英勇無比，曾經戰勝過魔鬼撒旦。祂能辨識人類的靈魂，區分善惡；祂引領人們進入天堂，使他們免受惡鬼的誘惑。

威斯敏斯特大教堂

——懺悔者愛德華

英國

威斯敏斯特大教堂

威斯敏斯特大教堂的前身是西元 7 世紀建造在托尼島上的一座小教堂。後來因為泰晤士河道變窄，這個島最後與河岸的地面融為了一體。據說聖彼得曾在首席主教梅里圖斯舉行的封聖典禮上現身，這座小教堂就是東撒克遜王塞伯特遵循聖彼得的指教建立的。

「懺悔者」愛德華是英國的安格魯‧撒克遜王朝君主，因為對基督教信仰有無比的虔誠，被世人稱為「懺悔者」，或稱「聖愛德華」。 西元 1045 年，英格蘭國王「懺悔者」愛德華答應教皇利奧九世前往聖地朝聖，後來卻因故沒去。為了贖罪，他在此興建了一所新的教堂敬獻給聖彼得。西元 1065 年底，教堂建成，與修道院一起供天主教本篤會使用。

教堂建成後幾天，愛德華國王就病逝了，沒有留下任何子嗣。據說在西元 1051 年威廉訪英時曾答應讓威廉繼承他的王位。而懺悔者愛德華的內弟、另一個王位的有力競爭者哈樂德被困在諾曼第公國時，也曾承認過威廉對英格蘭王位的繼承權。但當西元 1066 年，懺悔者愛德華去世時，在愛德華舉薦下，英格蘭賢人會議卻選舉了哈樂德為國王。威廉聞訊怒不可遏，遂決心發動他的征服戰。

西元 1066 年 9 月 28 日，諾曼人的艦隊在英格蘭登陸。在隨後的赫斯廷斯戰役中，諾曼第軍隊擊敗安格魯‧撒克遜軍隊，並殺死了哈樂德二世，隨後佔領了倫敦。

為了表示自己是愛德華的正當繼承人，12 月 25 日，威廉在愛德華興建的威斯敏斯特教堂加冕為英格蘭國王，諾曼王朝開始。威廉在歷史上被稱為威廉一世，又叫做「征服者」威廉。從此以後，英國各個王朝的國王幾乎都在這裡登基，以示正統。

亨利三世非常崇拜「懺悔者」愛德華。他聽說愛德華衣著樸素，他也只穿戴最簡單的大衣。他的寢室中掛了很多愛德華的畫像，他認為在入睡和醒來的時候，愛德華仍然可以引導他。

他將大兒子也命名為愛德華，也就是後來的愛德華一世。西元 1245 年，他為了紀念愛德華而重建威斯敏斯特教堂，決定將教堂所在的區定為王國的權力中心。

改造後的教堂中心將是愛德華國王的紀念堂。西元 1269 年，愛德華紀念堂建成，亨利三世將國王愛德華的遺體埋葬在這裡。西元 1272 得，亨利三世去世，他的遺體也葬在了威斯敏斯特教堂。從此之後，大多數的英國君主死後都葬在這裡。

小知識

　　威斯敏斯特大教堂位於英國倫敦議會廣場西南側，正式名稱為「聖彼得聯合教堂」，又被稱為「西敏寺」，本義是西部修道院的意思。威斯敏斯特大教堂最初由英格蘭國王「懺悔者」愛德華於西元 1050 年下令修建，西元 1065 年建成。現存的教堂為西元 1245 年亨利三世時重建，以後歷代都有增建，直到 15 世紀末才告竣工。威斯敏斯特大教堂既是英國國教的禮拜堂，又是歷代國王舉行加冕典禮、王室成員舉行婚禮的大禮堂，還是一個國葬陵墓。從亨利三世到喬治二世的 20 多位國王都埋葬在這裡。教堂內的「詩人之角」因埋葬 14 世紀詩人喬叟和文藝復興時期詩人斯賓塞而得名。威斯敏斯特教堂也因此被稱為「榮譽的塔尖」。 西元 1987 年，威斯敏斯特大教堂被列入世界文化遺產。

英國 坎特伯里大教堂
——聖徒湯瑪斯·貝克特

坎特伯里大教堂長廊

　　西元 12 世紀時，英王亨利二世在位，湯瑪斯·貝克特既是他最親近的大臣，也是他私下的好友。此時，教權與皇權的抗爭已經進入白熱化，亨利二世為了更好地控制教會的勢力，費盡心思地把湯瑪斯·貝克特安插進教會當坎特伯里大主教。

　　可是湯瑪斯·貝克特卻認為，做為國王的臣子就是要一心服從國王的命令，現在他不再是國王的奴僕，而是上帝的子民，侍奉的只有上帝，做為大主教只能聽命於羅馬教皇。

　　西元 1164 年 1 月 30 日，經過充分準備的亨利二世在威斯敏斯特召開的一次會議上提出推行《克拉倫敦憲法》，將自諾曼王朝以來英國國王對

教會擁有的權力以法律形式確認下來，其實是想確定皇家對教會法院的控制權，不料遭到貝克特的強烈反對。貝克特的這一堅定態度為他贏得了教會集團的大聲喝采，但也惹惱了亨利二世。亨利二世認為貝克特背叛了他，再也不與他來往。

教皇亞歷山大三世怕事情進一步升級，派人向亨利二世遊說，希望他收回成命。教皇的態度使亨利二世很受用，態度有所軟化。但貝克特卻仍然一絲讓步都沒有，這等於是往亨利二世這盆火上澆了一桶油，亨利二世更加怒不可遏，他在皇宮裡怒吼道：「誰能讓這該死的貝克特閉嘴？」這時，四個忠誠的騎士以為這是國王的命令，於是連夜來到教堂將貝克特的頭砍了下來。

第二天，信徒看到大主教的屍體才知道這不是國王的爪牙，而是一個忠實於上帝的好主教。而當他的信徒們為他整理儀容時，那件爬滿了蝨子的粗毛衫露了出來，人們都感嘆這是一位真正的聖徒。

西元 1173 年，貝克特被教廷追封為聖徒，被信徒尊奉為「殉教者」聖托馬斯。事後亨利後悔莫及，他於 1174 年自請贖罪，赤腳走遍了坎特伯里的街道，跪在貝克特墓前，接受主教、修道院長和修士們的鞭笞。

但是，皇室與教廷的抗爭還沒有結束。亨利二世雖然懺悔了自己的過錯，但是他並未承認刺殺貝克特是來自他的授意，他認為他只是抱怨了幾句，而這幾句抱怨被幾個想顯示忠心的騎士信以為真，才釀成了這場悲劇。

而史實告訴我們的是，亨利二世成功剷除了貝克特這個頑固派，在他執政末期終於成功將英國教會納入他嚴密的控制之下。亨利二世是這場抗爭的勝者，而貝克特則成了一個犧牲品。

現在，坎特伯里教堂的花窗玻璃上還紀錄著貝克特主教遇刺這一黑暗

歷史篇章。此後的幾個世紀裡，難以計數的信徒絡繹不絕地湧入坎特伯里，朝拜這位「殉教者」，坎特伯里也因此成為英國的「聖城」。

小知識

坎特伯里大教堂位於英國東南的肯特郡郡治坎特伯里市，是英國最古老最著名的基督教建築之一，於西元 1070 年動工重建，其中又經歷了不斷的續建和擴建，歷時四百年才得以完工。它是英國聖公會首席主教坎特伯里大主教的主教座堂，坎特伯里大主教則是普世聖公宗的精神領袖。教堂的正式名稱是坎特伯里基督座堂和大主教教堂，已被列為世界文化遺產。

英國	**愛奧那修道院** ──以書傳道的聖哥倫巴

愛奧那島風光

　　哥倫巴於西元 521 年出生於愛爾蘭的貴族家庭，是一位博學之士。除了傳教士的本職工作以外，他還經常翻譯及撰寫一些宗教文獻。哥倫巴畢生撰寫書籍多達 300 本，以及多部讚美詩集。在愛爾蘭，他因為參與了聖詩集的謄抄工作而被捲入一場血雨腥風的聖詩集手稿爭奪戰，很多人因此而斃命。這件事之後，哥倫巴陷入了深深的自責，只想透過苦行來贖罪，透過傳播基督教義來慰藉自己的心靈。西元 563 年，哥倫巴與十二位傳教士組成的傳教使團一道離開愛爾蘭來到了蘇格蘭南方地區。哥倫巴奔走於蘇格蘭南方的許多地方，協調各部落間的衝突，很快就贏得了部落首領們的信任。他們相信哥倫巴是熱忱執著的福音傳教士和無所不能的上帝使者，並給了他一塊靠近馬爾島西端的寬 1.6 公里、長 5.6 公里的土地，這裡就是現在的愛奧那島。

不久，哥倫巴在這塊土地上修建了一座修道院，他和另外十二位傳教士在這裡過著簡樸勞苦的生活：禁食、禱告、潛能、默想和體力勞動。他們一邊培養傳教士，一邊研究聖經。傳教士合格後便被派出去傳播福音，建立教會團體。這座修道院成為他們傳播福音的大本營。幾年後，他們在內赫布里底群島建立了許多教堂，一些傳教士將他的傳教工作帶到了歐洲，最遠的甚至到達了瑞士。

　　西元 6 世紀後期，他發起並組織傳教士謄寫和繪製新的《四福音書》，這部帶裝飾畫的手抄版本《四福音書》還未成書便因為維京人的襲擊而送到了愛爾蘭中部的凱爾斯修道院，被人稱為《凱爾斯書》，因為哥倫巴是早期發起人，因此也叫《哥倫巴書》，是愛爾蘭中世紀手抄本中最精美的一部，對基督教的傳播發揮了不可忽視的作用。正是由於哥倫巴一行人的不懈努力，才讓蘇格蘭南部的王國改信了基督教。西元 7 世紀，北方皮克特王國也開始信仰基督教。

　　西元 597 年，哥倫巴逝世並葬於愛奧那島。他死後，教會因其功勞卓越而封為聖徒，信徒稱其為聖哥倫巴。

　　西元 806 年，維京人闖入修道院，殺死了很多傳教士。之後的幾年，他們持續濫殺無辜、趕盡殺絕。蘇格蘭國王為了防止聖哥倫巴遭受維京人藝瀆，於西元 848 年將聖科倫巴的屍骨從愛奧那島帶到鄧凱爾德大教堂，埋葬在教堂的臺階下。

小知識

　　愛奧那修道院位於蘇格蘭內赫布里底群島中的愛奧那島上，是聖徒哥倫巴於西元 563 年修建。愛奧那修道院逐漸成為了蘇格蘭人，尤其是蘇格蘭皇家貴族的祭祀中心。許多蘇格蘭國王和部落領袖死後被葬在這裡。西元 795 年至西元 10 世紀末，維京人入侵愛奧那島，傳教士被殺，修道院被焚。西元 11 世紀，北歐人皈依基督教，重建教堂。西元 1912 年，修道院開放供信徒禮拜。愛奧那修道院環境優美，訪客眾多，是蘇格蘭信徒的聖地。

英國 德格湖
——愛爾蘭的守護神派翠克

德格湖

　　派翠克生於西元 373 年左右，出生地是威爾斯。雖然他出身於基督教的家庭，但他從小就是個無神論者。他十六歲那年被海盜擄走，然後被當成奴隸，賣到了愛爾蘭。在當奴隸的苦難的 6 年中，他開始寄希望於上帝。他每天不斷地向上帝祈禱，希望有一天能回到自己的家鄉。

　　一天晚上，在他祈禱的時候，忽然有一個聲音在他耳邊輕輕地說：「快，趁著今晚沒有月亮，快跑，在距離農莊約兩百英哩遠的岸邊有艘船正在等著你。」派翠克相信這是神的恩典，他叫醒幾個要好的夥伴，划著船逃離了愛爾蘭。船上沒有吃的，但是每當他們餓的時候就會有魚自動跳到船上來，渴的時候就會下起雨來。依靠上帝的保佑，他們在現在的法國上了岸。

53

派翠克來到法國後，馬上被聲色犬馬的生活所誘惑，他揮霍著青春，早已忘了對上帝的忠誠。有一次，他陪一位朋友回到愛爾蘭，剛踏上愛爾蘭的土地，腳下便出現一個巨大的深坑，深坑裡面則是煉獄的幻象。上帝告訴他，沒有信仰的人在死後將會進入恐怖的煉獄。自此以後，派翠克虔心皈依上帝的懷抱，並且終其一生都留在愛爾蘭島。

　　西元 432 年，派翠克正式接受教皇的派遣在愛爾蘭傳教，勸說愛爾蘭人皈依基督教。他於西元 445 年來到位於多尼戈爾郡佩提戈村的苦路島傳道。在他講法時有異教徒用石頭砸他，但他毫不慌亂，立刻摘下一株酢漿草，用它的三片葉子的模樣闡明了聖父、聖子、聖靈三位一體的教義。他雄辯的演說使愛爾蘭人深受感動，接受了派特里主施的洗禮。從此以後，這裡就一直吸引著無數信徒前來朝聖，他們也渴望在這裡體驗到派翠克當時看到的煉獄幻象，感受自己的前世和來生。

　　西元 493 年 3 月 17 日，派翠克逝世。愛爾蘭人感激他把基督教的光芒帶到島上的每個角落，還建立教堂和學校教育人民，愛爾蘭的許多教堂和學校都以他命名。為了紀念這個守護著他們的聖者，就將他去世的日子定為愛爾蘭最重要的節日「聖派翠克節」。這一天也是今天愛爾蘭的國慶日。

小知識

　　德格湖位於愛爾蘭北部、多尼戈爾東南，因為聖派翠克的煉獄幻象而成為西歐最古老的基督教朝聖中心之一。西元 5 世紀後半葉，聖德柏格接管了德格湖聖地，使這塊聖地有了進一步的發展。很多朝聖者專門來此參加傳統的三日朝聖，在這三天裡朝聖者必須禁食、苦路和守夜。朝聖者在進入煉獄的深坑前，會在苦路島上蜂窩狀的洞穴裡做準備活動。他們認為這一經歷能讓自己更加接近上帝，經過煉獄的考驗能讓自己與上帝更為親近。

德國	亞琛大教堂

──偉大的野蠻人查理曼

亞琛大教堂

　　西元 741 年，查理曼出生在德國亞琛。他的祖父是偉大的法蘭克領袖查理斯・馬特爾，他的父親是法蘭克國王丕平，是加洛林王朝的建立者。西元 768 年丕平去世，查理曼的哥哥卡洛曼成為王位繼承人。但是因為查理曼從小就表現出一種特有的王者之氣，因此頗多擁護者。最後由議會投票決定由兄弟二人共同治理國家。查理曼繼承了丕平的地盤，而卡洛曼則繼承了其伯父管轄的地盤。卡洛曼心有不甘但又缺乏實力和勇氣，鬱鬱而終。西元 771 年卡洛曼去世，二十九歲的查理曼成為法蘭克王國唯一的君主，該王國此時已是西班牙最強大的國家。

　　這時，卡洛曼的舊部仍然有一些軍官不服氣，於是查理曼請他們來到

鬥獸場，他下令牽出一頭公牛，然後放出一隻餓了三天的獅子。獅子見到公牛馬上衝上去撕咬公牛的脖子，把公牛掀翻在地。這時，查理曼對軍官們說：「誰能去把獅子拉開？」軍官們一聲不吭，都以為他瘋了。沒想到查理曼脫掉自己的斗篷，拔出寶劍，一縱身就跳進了鬥獸場中。他冷靜而果斷地來到獅子的身邊，寶劍一揮，獅子的頭已經掉了下來。這時，他大聲說道：「現在你們還有誰不服嗎？」軍官們此時全部跪倒在地上叩起頭來。

西元 774 年，查理曼邁開了征服歐洲的第一步。他以解救教皇的危難為名，正式向義大利的倫巴第進軍。這就是著名的倫巴第之戰。

西元 796 年查理曼大帝與教皇結盟，征服薩克森人，並巴伐利亞，遠征比利牛斯山以南的阿拉伯人，並設立潘諾尼亞邊區和西班牙邊區。他在位的 47 年間，先後發動了 55 場戰爭，透過這些戰爭進而控制了大半個歐洲的版圖，並義不容辭地挑起了保衛基督教世界的重任。查理曼一直堅持與羅馬教皇保持密切的政治聯盟。但是由於自身的不斷強大，查理帝國已經不需要教皇的支援，在這場聯盟中處於支配地位的是查理曼而不再是教皇。

為了顯示與羅馬帝國皇帝的平等地位，他把亞琛視為第二個羅馬。西元 785 年，他下令建造了亞琛的宮廷禮拜堂，即現在的亞琛大教堂。到中世紀晚期，許多皇家建築都效仿它的模式，在宮廷內建造教堂，成為宗教與政治合一的權力象徵。

西元 800 年，由羅馬教皇加冕查理曼為神聖羅馬帝國的開國皇帝，號稱「羅馬人的皇帝」，又被稱為「偉大的野蠻人查理曼」。他在行政、司法、軍事制度及經濟生產等方面都有傑出的建樹，並大力發展文化教育事業。

他引入了歐洲文明，被後世尊稱為「歐洲之父」。西元 814 年，查理

曼大帝遺體葬於亞琛大教堂。因弗雷德里希一世把查理曼大帝歸於聖人之
列，這裡遂成為阿爾卑斯山脈以北著名的朝聖地，每年都有許多信徒到這
裡朝聖。

小知識

　　亞琛大教堂又名巴拉丁禮拜堂，位於德國最西部的城市亞琛市，鄰近比利時、
荷蘭邊境。教堂於西元 786 年開始動工，到西元 805 年建成，是歐洲偉大的建築
和著名的朝聖地。亞琛大教堂現已被列入世界遺產名錄，被世界遺產組織描述為
「德國建築和藝術歷史第一象徵」，完整精確地概括了亞琛大教堂的重要價值。

巴黎聖母院
——維克多·雨果的巴黎聖母院

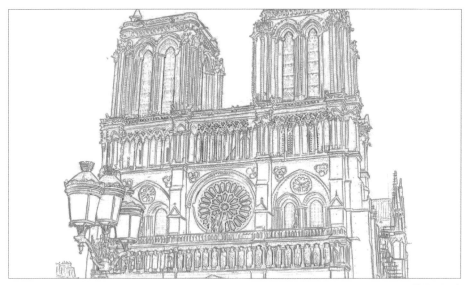

巴黎聖母院

維克多·雨果是西元 19 世紀法國浪漫主義文學運動的代表作家，他的《巴黎聖母院》是一部引起轟動的浪漫派小說。雨果對歌德建築藝術有著深厚的興趣，他曾經感嘆巴黎聖母院是巨大的石頭組成的交響樂，並說它偉大的建築就像高山一樣是幾百年的產物。

為了寫好這部小說，他進行了三年的準備，熟悉中世紀的法國社會，親身鑽進聖母院的石頭縫裡進行研究，同時還廣泛閱讀有關資料，幾乎掌握了巴黎聖母院的所有奧秘。

西元 1830 年 7 月著手寫稿，最終完成了這部憤怒而悲壯的命運交響曲。西元 1831 年，《巴黎聖母院》第一次出版，並且經歷了將近兩個世紀之後，

還是被一遍遍地翻印再版。雨果筆下的《巴黎聖母院》與巴黎聖母院相互輝映，相得益彰。

故事發生在中世紀。「愚人節」那天，流浪的吉卜賽藝人在廣場上表演歌舞，有個叫愛斯梅拉達的吉卜賽姑娘吸引了來往的行人，她長得美麗動人，舞姿也非常優美。這時，巴黎聖母院的副主教克羅德·弗羅洛一下子對美麗的愛斯梅拉達著了迷，他內心燃燒著情慾之火，瘋狂地愛上了她。於是他命令教堂敲鐘人，相貌奇醜無比的凱西莫多把愛斯梅拉達搶來。結果法國國王的弓箭隊長弗比斯救下了愛斯梅拉達，抓住了凱西莫多。他把敲鐘人帶到廣場上鞭笞，善良的吉卜賽姑娘不計前嫌，反而送水給凱西莫多喝。這一舉動使敲鐘人十分感動，他乾枯的眼睛裡第一次流出了淚水。

敲鐘人雖然外貌醜陋，內心卻純潔高尚，他非常感激愛斯梅拉達。天真的愛斯梅拉達對弗比斯一見鍾情，兩人約會時，弗羅洛悄悄在後面跟著，出於嫉妒，他用刀刺傷了弗比斯，然後逃跑了，愛斯梅拉達卻因此被仇恨已久的教會冠以「殺人犯」的罪名。愛斯梅拉達屈打成招，被判處死刑。

凱西莫多把愛斯梅拉達從絞刑架下救了出來，藏在巴黎聖母院內。詩人甘果瓦引誘救愛斯梅拉達的乞丐群眾與凱西莫多大戰，弗羅洛找到愛斯梅拉達後，則重新向她表達自己的愛意，遭到拒絕後，把她交給了國王的軍隊，愛斯梅拉爾達被送上絞架。

失去愛斯梅拉爾達而絕望的凱西莫多，在無限憤怒之下，將副主教從高樓頂上推下，活活摔死；自己擁抱著愛斯梅拉達的屍體，直到風化。

此書對於巴黎聖母院這座建築所產生的影響也非常巨大。作家精彩的情節描述，重新賦予了這座建築物生命力，使巴黎聖母院更加舉世聞名。同時，也促進了巴黎聖母院的保護工作。西元 1831 年書出版後，引起很大的迴響，許多人都希望修建當時殘舊不堪的聖母院，並且發起募捐，也引起當時的政府對聖母院建築慘狀的關注。修復計畫於西元 1844 年開始，重

現了聖母院久違的光彩。在西元 1845 年，修繕了尖頂和聖器堂。今日我們見到的巴黎聖母院雖歷盡滄桑而無損，這不能不說是雨果以及他筆下名著的一大功績。

小知識

　　巴黎聖母院大教堂位於法國巴黎市中心的西堤島上，是天主教巴黎總教區的主教座堂。聖母院始建於西元 1163 年，是巴黎大主教莫里斯‧德‧蘇利決定興建的，整座教堂在西元 1345 年全部建成，歷時 180 多年。歌德式建築形式，是法蘭西島地區的歌德式教堂群裡面，非常具有關鍵代表意義的一座。巴黎聖母院是一座典型的歌德式教堂，是巴黎市著名的歷史古蹟，也是古老巴黎的象徵。

法國 露德玫瑰堂
——農家女的奇遇

露德靈泉聖母像

　　西元 1858 年 2 月 11 日，在法國露德，有三個孩子在河邊撿柴，她們是蘇比魯·伯爾納德與她的朋友瑪利亞、約娜。當她們走到小河邊的馬薩比耶勒岩洞時，瑪利亞和約娜淌過河水到了對岸，往對岸回家的捷徑走了過去。伯爾納德也想快點回家，可是她有哮喘病，河中的冷水會使她發病。

　　天色越來越暗了，她一個人站在河邊哭了起來。就在這時，伯爾納德感到一陣風吹過，她立刻向四周張望，可是一切都是靜止的，沒有一絲風。她害怕得不敢動彈，突然岩洞上方出現一片金黃色的暖光，一位美麗又慈善的女子站在一朵雲彩上。她對伯爾納德微笑，並且招呼她過去。伯爾納德一看到她的笑容，心裡的恐懼都消失不見了。她不知不覺把念珠拿在手上唸起玫瑰經來。那女子默許地點點頭，就消失不見了。

伯爾納德回家把這件事告訴了家人，但是她的父母卻認為她在說謊。第二天，她帶著家人來到馬薩比耶勒岩洞，然後跪在地上唸玫瑰經。不久，那位雲上的女子又出現了。但是，只有伯樂納德一個人能看見，她的家人都看不見。她的家人認為她瘋了，回家打了她一頓。

過了幾天，伯爾納德在岩洞又遇見了那位女子，女子對她說：「去喝地上的水，用水洗臉。」她看到地上只有一個泥坑，便用手去挖。不久，泥坑裡就湧出汩汩清泉來。她捧著清泉喝了兩口，又洗了臉。後來泥坑裡的水越來越多，湧流了一百年。

又過了幾天，女子又現身，她讓伯爾納德轉告本堂神父，在岩洞建造一座教堂。伯爾納德找到神父轉告了女子的要求，神父問那位女子是什麼人，伯爾納德說不知道，只知道她說自己是無染原罪者。神父一聽這幾個字，一下子像被雷電擊中了一樣，他斷定一個農家女是編不出這個名字的。教會才剛剛宣佈無染原罪者是聖母瑪利亞的稱號，神父也是不久前才得知這個消息的。於是神父馬上相信了伯爾納德，在馬薩比耶勒岩洞修建了一座教堂。

從此以後，露德成為朝聖的地方，興建了壯觀的露德堂病人醫院。今日的露德是世界著名的朝聖地，每年到露德朝聖的人有數十萬人。那裡躺滿了求癒的病人，他們日夕祈禱，朝聖的人都受他們的熱情和懇切所感動，那裡充滿了祈禱、哀求和讚頌的歌聲。

聖母顯現了 18 次，從此以後，無數患不治之症的病人到露德去朝聖祈禱，只要在露德的泉水裡洗滌沐浴，他們的病馬上就能痊癒。如果把泉水裝在瓶子裡帶到別處去，也能產生治癒的效果。這個當初伯爾納德用手掘出的清泉就是現在的露德靈泉。

當別人由露德獲得好處時，伯爾納德卻終其一生都受到病魔的折磨。她的一生應驗了聖母對她說的話：「我不許給妳現世的快樂，我許給你的

是來生。」西元 1879 年 4 月 16 日，年僅 35 歲的伯爾納德在巨大的痛苦中死於哮喘和結核病。西元 1933 年 12 月 8 日，庇護十一宣佈伯爾納德為聖女。聖母自己也受過極大的痛苦，所以伯爾納德被稱為殉道者之後。

小知識

　　露德是法國西南部比利牛斯山腳下的一座小鎮，露德玫瑰教堂和露德靈泉每年接待超過 500 萬的朝聖者和尋求治療的人們。西元 1876 年，在馬薩比耶勒岩洞修建了一座聖母大殿。西元 1901 年，在露德聖母大殿下再建成一座更加宏偉的大堂，稱為聖母玫瑰堂。教宗良十三世曾派專使前往主持開幕典禮，庇護十世更把這節日推廣到全球慶祝，紀念聖母在馬薩比耶勒岩洞首次顯現，所以定 2 月 11 日為聖母顯現紀念日。

聖方濟各教堂
——甘於貧窮的聖方濟各

聖方濟各教堂內部

聖方濟各於西元 1182 年誕生在義大利古老的城市亞西西。他的母親效法天主之母，讓兒子生於馬槽。

方濟各年輕時，整日與他的貴族朋友一起喝酒玩樂，揮金如土。有一天，方濟各在和朋友出遊時遇到了一個乞丐，朋友們都對那個乞丐視若無睹，但方濟各卻把身上所有的財物都施捨給了那個乞丐。他的朋友都嘲笑他，他的父親知道以後也非常憤怒。

西元 1201 年，方濟各參加了抵抗佩魯賈的軍隊，但被抓起來當作戰俘關了一年。在這一年中，方濟各的思想發生了變化。出獄後，方濟各不再跟原來的朋友一起玩樂，他的朋友以為他是要結婚了才有所收斂，他回答

說：「是的，我的新娘比你們見過的所有新娘還要漂亮。」她指的就是「貧窮」女士。果然，方濟各的一生都與「她」相伴為伍。

他去羅馬朝聖以後，覺得耳邊總有個聲音在呼喚他，叫他重整耶穌教會。當時的方濟各不明白這個使命的真正意義，以為是主讓他重建亞西西倒塌的聖‧達米安教堂。他偷偷地把父親店裡的布料賣掉，捐了一大筆錢給教堂的神父，讓他重建教堂。方濟各的父親知道後大發雷霆，想盡辦法讓方濟各放棄自己的信仰。方濟各在主教的陪同下與父親進行了一次談判，為了信仰，他放棄了所有從他父親那裡得來的東西，連身上的衣物都脫下來還給了父親。從此以後，他穿上了乞丐的衣服，與那些無家可歸的遊民一起在安布理亞山的群山中乞討。

方濟各一邊乞討一邊傳播基督耶穌的教義，他讚美大自然，並代它們感謝天主。有一天，方濟各看見樹上有一群鳥。他對同伴們說：「你們等等我，我要去對鳥姊妹傳教。」方濟各對鳥說話，鳥被他的聲音吸引，都認真聆聽，沒有一隻飛走的。方濟各告訴牠們，應該為所得的食物、甜美的聲音、翅膀和一切天主賜予的東西而心存感恩。講道完畢，他降福它們，鳥兒們也都唱著愉快的歌飛走了。

在西元 1224 年 9 月，光榮聖十字架瞻禮，方濟各在他的營棚外祈禱，等候太陽升起。他祈禱：「主耶穌基督，我求祢在我臨死前賜下兩個恩寵：第一，在我有生之年，在我的肉體和靈魂上感受到祢當時所受的至極痛苦；第二，我願在內心深處感受到祢的愛。」這時，他看見一位六翼天使背著十字架，上面釘著耶穌的像。當太陽升起時，他發覺自己的雙手、雙腳和肋旁印有耶穌的五道傷痕。方濟各忍受著巨大的痛苦，但他沒有對別人透露一句。修士們洗衣服的時候，看見他衣服上的血，才知道在他身上有救世主賜予的聖痕。這些傷痕每天都在流血，一直流了兩年，直到西元 1226 年 10 月方濟各死去。這種賜福方式在基督教歷史上是第一次出現。

西元 1228 年，人們為了感激和紀念他，建造了聖方濟各教堂，方濟各的遺體被安置在這座教堂裡。至今，仍有無數的信徒到這裡來朝聖，見證這種奇特的聖痕賜福和獲得內心的救贖。

小知識

　　亞西西是義大利北部的一個小鎮，距羅馬北部大約為 145 公里，莊嚴的聖方濟各教堂位於亞西西的西北角。聖方濟各教堂建於西元 1228 年至西元 1253 年，是為了紀念聖方濟各而建造的。在聖方濟各教堂中殿的頂部，有畫家喬托・迪・邦多納繪製的關於聖方濟各生平事蹟的圖畫和福音故事。

義大利 佛羅倫斯大教堂
——熱愛藝術的美第奇家族

佛羅倫斯大教堂

　　美第奇家族的祖先原為托斯卡納的農民，後以經營工商業致富。西元 13 世紀成為貴族，參加佛羅倫斯政府。從西元 13 世紀到西元 17 世紀，美第奇家族在歐洲一直擁有著強大的勢力。大部分時間裡，他們甚至是佛羅倫斯真正意義上的主宰者，佛羅倫斯的城徽就是使用了美第奇家族的百合花標誌。這個家族誕生了三位教皇（利奧十世、克萊門特七世、利奧十一世）、兩位法國王后（凱薩琳・德・美第奇、瑪麗・德・美第奇），也經歷過三次政治放逐。

　　喬凡尼・美第奇是第一個進入銀行業務的美第奇人，他的銀行賺得鉅額利潤，成為佛羅倫斯的首富。他使美第奇家族重新興盛，並且從他開始美第奇家族在佛羅倫斯政府擁有了一定的影響力。喬凡尼也是美第奇家族

第一位贊助藝術的人，他援助過馬薩喬，正是這位早逝的天才在透視法等方面對繪畫做出了徹底的改革，並將一個世紀以前喬托的氣息傳遞給後來的巨匠們。

喬凡尼還委任卓越的建築師——布魯內萊斯基修建佛羅倫斯的花之聖母大教堂，這座美麗的圓頂建築在喬凡尼之子科西莫的繼續支援下完工，在樣式及結構上達成了劃時代的重大革新，影響歐美建築500餘年，至今仍是佛羅倫斯的象徵。

喬凡尼的長子科西莫·美第奇進一步擴大了父親的財富和政治影響，他曾代表美第奇銀行接管教皇的財政，美第奇家族已成為佛羅倫斯的共和國的非官方國家首腦。在文化藝術領域，科西莫還是學者的朋友和保護人。科西莫所贊助的最有名的藝術家是多那太羅、吉貝爾蒂、弗拉·安吉利科和弗拉·菲利波·利比。

科西莫的兒子「豪華者」洛倫佐·美第奇則是文藝復興盛期最著名的藝術贊助人。他自己就是一位著名的詩人和藝術評論家，身旁聚集著當時最優秀的學者、文人和藝術家。他仿效柏拉圖《對話錄》中的〈宴會篇〉，組織學者做哲學討論。他贊助過的藝術家中最有名的是達·芬奇和米開朗基羅，特別是米開朗基羅，他的一生都與美第奇家族有著密切的關係。

早在米開朗基羅14歲的時候，洛倫佐就注意到了他早露的才華，對他倍加重視和關懷。他准許米開朗基羅自由出入他的宮殿，讓他學習、觀摩大量的藝術品，並與當時最有名望的人文主義學者、詩人交往相處。這對年少的米開朗基羅來說其影響是不言而喻的，可以說，洛倫佐不只是藝術的贊助者，更是藝術的孕育者。中年的米開朗基羅受出身於美第奇的教皇利奧十世委託，在佛羅倫斯為美第奇家族建造陵墓，做出了聞名於世的《晝》、《夜》、《晨》、《暮》四座雕像。

義大利文藝復興的心臟是佛羅倫斯，這裡曾經聚積了無數卓越的藝術家。然而，文藝復興的偉大絕不只歸功於這些藝術家，還有一個名字在這些文藝復興巨匠身後閃光，那就是美第奇家族。

小知識

　　佛羅倫斯大教堂又叫「花之聖母大教堂」，位於義大利佛羅倫斯市的杜阿莫廣場上，是義大利文藝復興時期建築藝術的瑰寶。西元 1296 年由著名的貴族喬凡尼‧美第奇出資，西元 1462 年在喬凡尼之子科西莫‧美第奇的支持下完成。佛羅倫斯大教堂以八角形穹頂最為著稱，穹頂直徑達 50 米，是世界上最大的穹頂之一。教堂能同時容納 1.5 萬人同時禮拜，是世界第四大教堂，義大利第二大教堂。

米蘭大教堂
——拿破崙的加冕禮

米蘭大教堂

　　拿破崙·波拿巴於西元 1769 年出生在科西嘉島的阿雅丘城，他的家族是一個義大利貴族世家。

　　西元 1789 年法國大革命爆發後，拿破崙回到科西嘉，希望推動科西嘉獨立，但遭到排擠。

　　拿破崙是一名出色的軍事家，對當時的軍事知識深有研究，善於將各種軍事策略運用於實戰之中。當時法國政局變幻莫測，形勢風起雲湧，正是英雄出世的時代。

　　西元 1795 年，他榮升為陸軍中將兼巴黎衛戍司令，開始在軍界和政界嶄露頭角。

西元 1796 年 3 月 2 日，二十六歲的拿破崙被任命為法蘭西共和國義大利方面軍總司令，並取得了義大利之役的勝利。拿破崙的威信越來越高，成為法蘭西共和國的新英雄。

西元 1799 年 11 月 9 日，拿破崙發動了霧月政變並獲得成功，成為法蘭西共和國第一執政，實際為獨裁者。

西元 1802 年 8 月，拿破崙修改共和八年憲法，改為終身執政。拿破崙進行了多項政治、教育、司法、行政、立法、經濟方面的重大改革，其中最著名的是《拿破崙法典》。法典在西元 1804 年正式實施，即使在一個多世紀後依然是法蘭西共和國的現行法律。

西元 1804 年 11 月 6 日，公民投票通過共和十二年憲法，法蘭西共和國改為法蘭西帝國，拿破崙‧波拿巴為法蘭西人的皇帝，稱拿破崙一世。同年 12 月 2 日，拿破崙在法國巴黎聖母院大教堂正式加冕。為了讓法國人民乃至歐洲人民承認他的「合法地位」，拿破崙的幕僚出了一個主意，就是藉助教皇在宗教上的巨大號召力，讓羅馬教皇庇護七世到巴黎來親自為拿破崙加冕。但是在加冕時，拿破崙拒絕跪在教皇前讓庇護七世戴上皇冠，而是傲慢地一把奪過皇冠戴在了自己頭上。

他身著紫紅絲絨與華麗錦繡披風，拿著小皇冠親自為自己的妻子約瑟芬‧博阿爾內加冕為皇后。這後一幕被拿破崙的崇拜者畫家大衛忠實地記錄了下來，這幅油畫傑作《拿破崙一世皇帝的加冕禮》於西元 1808 年完成，現藏於巴黎羅浮宮。

西元 1805 年 5 月 23 日，拿破崙在義大利的米蘭大教堂由教皇加冕為義大利國王。拿破崙在莊嚴的王座上被米蘭樞機主教授予王室徽章，接著他走上祭壇，拿起皇冠，戴在自己頭上，並按照古代倫巴第國王登基典禮上的傳統朗聲宣佈：「上帝以之賜吾，他人誰敢褻瀆」。以示他的權力至高無上，不受教會控制。

西元 1814 年 4 月 13 日，巴黎被佔領，拿破崙宣佈無條件投降，並簽署退位詔書。拿破崙在退位後被流放到地中海上的厄爾巴島。拿破崙保留了「皇帝」的稱號，可是他的領土只侷限在那個小島上。

小知識

　　米蘭大教堂又稱「杜莫主教堂」，位於米蘭市中心的大教堂廣場，是義大利最著名的天主教堂。它於西元 1386 年開工建造，西元 1500 年完成拱頂，西元 1774 年中央塔上的鍍金聖母瑪利亞雕像就位。西元 1897 年最後完工，歷時五個世紀。不僅是米蘭的象徵，也是米蘭的中心。拿破崙曾於西元 1805 年在米蘭大教堂舉行加冕儀式。米蘭大教堂也是世界上雕塑最多的建築和尖塔最多的建築，被譽為「大理石山」。米蘭大教堂也是米蘭總教區的主教堂，米蘭教區則是世界上最大的教區。米蘭大教堂不僅僅是一個教堂，一棟建築，它更是米蘭的精神象徵，也是世界建築史和世界文明史上的奇蹟。

聖安妮大教堂
——聖安妮的善心

加拿大

聖安妮大教堂

　　西元 1876 年，聖安妮被宣佈為魁北克省的庇護者，是加拿大天主教徒心目中最重要的一位聖人。

　　聖安妮與聖約阿希姆結婚幾年都沒有子女。有一天，她坐在樹蔭下休息，突然看見一隻鳥正在餵養牠的子女，因此她決心生下自己的孩子。她向上帝祈禱，希望得到一個兒子。沒過多久，聖安妮就懷孕了，她在塞佛瑞斯順利地生下了一個女兒。雖然她想要的是兒子，但是她認為這個女兒是上帝賜給她的珍貴禮物，於是為她取名瑪利亞，就是聖母瑪利亞。聖安妮是耶穌的祖母，也是羅馬天主教正典中最重要的聖人之一，兩千年來一直備受尊崇。

西元 17 世紀時，一位在聖羅倫斯河遇難的水手，向聖安妮禱告獲救，為了感念聖安妮的恩德，當地村民希望出資修建一座紀念聖安妮的教堂，日後人們也可以有一個禱告的地方。西元 1658 年，維格納爾神父來到加拿大的東部地區傳教，於是村民便請他在聖羅倫斯河的河岩上建立起第一座供奉聖安妮的教堂。

　　教堂建成當日，神父邀請村民前來安放教堂的基石。

　　患了風濕病的路易·吉蒙德也拄著拐杖上前安放了三塊基石。當他放下石塊的一瞬間，突然覺得身上的疼痛消失不見了，腿也有力量了。

　　他試著丟開拐杖，結果欣喜地發現沒有枴杖他也能走能跑，罹患多年的風濕病居然完全好了。人們認為路易·吉蒙德的治癒一定是聖安妮的善心賜福，很快這個消息就傳遍了整個魁北克。從此以後，天主教徒絡繹不絕地前來此地朝聖，尤其是身患重病祈求醫治的信徒。他們在祈禱後得到了治癒，於是留下了無數的枴杖、手杖、繃帶等，這些醫療設備一直懸掛在教堂內的牆壁上成為奇蹟的見證者。

　　在西元 19 世紀 80 年代時，有三位前來聖安妮大教堂朝拜的人，在做禮拜時，經過聖母瑪利亞的雕像前，聖母的眼睛突然睜開。後來這個故事一傳十、十傳百，也使得聖安妮大教堂名聲大噪，吸引了更多前來朝拜的人們。

　　聖安妮教堂之所以有如此神奇的力量，還有一種說法。

　　據說聖安妮教堂供奉著聖安妮的五塊遺骨。有理由認為是這些遺骨對人們產生了神奇的治癒的力量。其中最重要的遺骨是一塊 10 公分長的腕骨。這塊遺骨是西元 1892 年加拿大紅衣主教塔什羅於從羅馬帶來贈與聖安妮教堂的。

　　西元 1887 年，教皇利奧十三世將這座教堂升至「次級聖殿」的地位。

西元 1922 年，原教堂毀於大火，加拿大天主教徒捐資重建了現在的聖安妮教堂，現在每年有超過 150 萬的天主教徒來這裡朝聖。

小知識

　　聖安妮大教堂位於魁北克市東郊 30 公里處，是一座氣勢磅礡的羅馬天主教堂。它始建於西元 17 世紀，因為聖安妮的治癒奇蹟而聞名世界，是魁北克天主教三大巡禮地之一。就建築而言，它是一座宏偉壯麗的中世紀風格教堂，擁有歌德式精美的彩繪玻璃。它有 240 個彩色玻璃窗，包括教堂正面的一個玫瑰窗。教堂頂上的聖安妮雕像為純金鑄造，珍貴無比。

聖雅各大教堂
——聖地牙哥朝聖之路

西班牙

聖雅各大教堂

　　聖雅各是加利利海邊的漁夫，是最早受耶穌感召的門徒，見證過耶穌的很多重大奇蹟。

　　西元 33 年耶穌復活之後，聖雅各一直在傳播耶穌的福音，直到西元 44 年被猶太國王希律・亞基帕一世斬首。傳說聖雅各殉道前在西班牙傳教七年，因得到感應而返回耶路撒冷殉道而死。

　　聖雅各的遺體被放置在一艘小船上，小船隨著海浪向西漂去，經過直布羅陀海峽一直向北漂到伊比利亞半島的菲尼斯特角附近。當地人用牛車將聖雅各的遺體安葬起來。800 年過去了，由於阿拉伯人在西班牙的異教統治，致使聖墓也被野草掩沒。直到西元 813 年，一個叫做裴拉由的隱士

看到了一個神蹟，天上的星光為他指引方向，指引他發現了聖雅各的遺骨。得到這個消息後，西班牙國王阿方索二世立刻前來膜拜，在此地建造教堂，追封雅各為聖人。

聖雅各不僅是基督教的聖徒，西班牙人還將其視為軍隊、騎手和朝聖者的保護神。

後來西班牙王室收復被摩爾人佔領的南方時，聖雅各更被描繪成了戰神。在西班牙經常能看到聖雅各躍馬揮劍擊殺摩爾人的雕像。西元12世紀聖雅各被推崇為西班牙的守護聖人。

這個小城因為星光神蹟而被人們稱為「繁星之地」，在西班牙語中被譯為「康波斯特拉」。

「雅各」在西班牙語裡叫「聖地牙哥」，聖地牙哥‧康波斯特拉由此得名。這座城市從此聲名大噪，成為基督教世界與羅馬、耶路撒冷齊名的三大聖城之一，每年吸引著超過50萬人次的朝聖者。

在以後的歲月裡，這條朝聖之路逐漸形成了一條長達1500公里的道路。而它的終點就是被稱為世界盡頭的聖地牙哥‧康波斯特拉的聖雅各大教堂。聖地牙哥朝聖之路在西元1985年被正式確定為聯合國世界文化遺產，隨後又被歐洲議會定為第一條歐洲文化旅行路線。

但丁曾說過的：去過或即將前往聖地牙哥之家的人，才稱得上是真正的朝聖者。到達那裡的人都說：「當你到達世界的盡頭，你會發現上帝的足跡；當你到達心靈的盡頭，你會發現上帝就在那裡。」

傳說中世紀時，有一家人前往聖地牙哥朝聖。借宿時兒子被誣陷偷竊罪，被法官判了絞刑。

傷心的父母在朝聖路上不停地禱告，不久就得到了上帝的感召，上帝對他們說：「你們的兒子沒有偷竊，他不會死。」這時，兒子已經被吊上

了絞架。母親奮不顧身地衝上去央求法官把她的兒子放下來。法官指著桌上的兩隻烤雞說：「如果你兒子還沒有死，這兩隻烤雞就能飛起來了。」

話剛說完，桌上的烤雞立刻活了過來，張開翅膀飛了起來。母親救下了兒子，他果然還沒有斷氣。見證過這一奇蹟的人都虔誠地走完了朝聖之路。

小知識

　　聖地亞哥教堂位於西班牙西北城市聖地牙哥·德·孔波斯特拉，是西班牙最宏偉的羅馬式教堂。西元 11 世紀時為祭祀聖徒雅各而建造，雅各的遺體就安置在教堂的地下祭壇中。西元 12 世紀，雅各被推崇為西班牙的守護聖人後開始鼎盛。教堂所在的聖地亞哥市是繼耶路撒冷和羅馬之後第三個重要的聖城，是歐洲最為重要的城市之一，也是多種文化的薈萃之地。

法蒂瑪聖母玫瑰堂

葡萄牙

——守口如瓶的牧童

法蒂瑪聖母玫瑰堂

　　西元 1917 年 5 月 13 日的雨夜，10 歲的露西亞和她的表妹賈辛塔和表弟方濟各三個牧童聲稱在法蒂瑪附近的空地上看到了聖母瑪利亞。此後每個月的 13 日，他們都能在同一地點同一時辰看到聖母。露西亞對人們說瑪利亞比太陽還要明亮，發射的光束比充滿了閃爍的和被陽光刺目的光束穿透的水晶杯還要明亮和強烈。

　　露西亞還告訴人們，聖母瑪利亞向他們透露了三個秘密，但他們必須守口如瓶，無論對誰也不能說出這三個秘密。

　　聖母瑪利亞還規勸牧童們透過懺悔和犧牲來自我救贖。因此牧童們把繩子纏在腰上、穿粗布衣服、渴了不喝水、餓了不吃飯，他們想用這些引

起痛苦的行為達到拯救自己的目的。他們還在聖母的指導下每天誦玫瑰經。牧童的家人和親戚看到他們這個樣子都覺得驚奇。當時正是第一次世界大戰期間，時局動盪不安，牧童的奇遇，特別是他們口中所說的三個秘密更是鬧得滿城風雨。

8 月 13 日，當他們準備趕到空地再次會見聖母顯靈的時候，被縣長亞瑟・桑托斯以導致政治動亂的罪名抓了起來。

三個牧童沒有因為錯過了會見聖母的機會而憤怒，而是在獄中教導其他犯人一起誦玫瑰經。

縣長桑托斯審問三個牧童，想讓他們說出那三個秘密是什麼，可是牧童怎麼也不肯開口。

於是桑托斯假裝在隔壁房間準備了一鍋燒滾的油，然後一個接一個將牧童們押出審訊室，告訴他們如果不說出秘密就把他們扔進油鍋裡。三個牧童沒有被桑托斯的手段嚇住，他們守口如瓶，一個字也沒有說。桑托斯見實在問不出來，也只能把他們放了。

後幾個月的 13 日，聖母告訴牧童 10 月 13 日將是祂最後一次顯現，這一次一定要讓所有人相信。這個消息不脛而走，10 月 13 日，約有七萬人聚集在這片空地上，包括報紙記者和攝影師。當天下著大雨，天空烏雲密佈，突然雲層裂開，太陽顯露出來，向周圍發射著各種顏色的光。這個太陽突然從天上衝向地面，然後又回到它原來的位置，眨眼間人們身上的濕衣就完全乾了。這個事件被稱為「太陽奇蹟」。人們完全相信，聖母確實在法蒂瑪顯靈了。

這三個孩子的命運也被聖母言中。聖母說方濟各和賈辛塔很快就會去見聖母，結果他們很快死於西元 1919 年的一場流感。聖母說露西亞將成為祂的使者，為祂傳道，結果露西亞修女一生都歸隱於修道院中。她聲稱多次看到聖母顯現，耶穌也召見過她，請她向上級教會傳達資訊。

西元 1952 年，教會在聖母顯靈教堂附近，修建了一座宏偉的主教堂。西元 2005 年，露西亞病逝於科英布拉的修道院中。她的墓碑，也安放於法蒂瑪主教堂中。

小知識

法蒂瑪聖母玫瑰堂位於里斯本以北 100 多公里的法蒂瑪小城。聖母玫瑰堂始建於西元 1928 年，西元 1952 年，教會又在這裡修建了一座宏偉的主教堂。主教堂鐘樓頂部是一個重達 7 噸的鍍金皇冠，皇冠頂上有一個水晶十字架。教堂前面有廊柱和流線形的階梯和巨大的圓形廣場。教堂的邊上，有一條用大理石鋪成的小路，常常可以看到來自葡萄牙和世界各地的信徒沿著小路跪行祈禱，並圍繞著教堂的聖母像跪行三圈。聖母玫瑰堂是被梵蒂岡承認的天主教朝聖之地，每年 5 月 13 日和 10 月 13 日，都會舉行兩次朝聖活動，來自世界各地超過 500 萬名的朝聖者蜂擁而至。

聖索菲亞大教堂
──拜占庭帝國的黃金時代

聖索菲亞大教堂

　　拜占庭最早是一座靠海的古希臘移民城市，西元 330 年，羅馬帝國分為東、西兩部，君士坦丁一世決定在羅馬帝國東部建立一個新的首都。據說他感應到上帝的指示，選擇了歐亞兩大洲的交通要衝。遷都到這裡以後，君士坦丁用自己的名字為這座城市命名，向世界宣佈君士坦丁堡是他的都城。

　　羅馬帝國遷都初期，君士坦丁一世在君士坦丁堡進行了大量建設，其建築風格大都是羅馬建築風格的延續。雖然這些建築現在都沒有保留下來，但君士坦丁堡漸漸地形成了自己特色的建築風格，即拜占庭風格。

　　羅馬帝國在查士丁尼大帝的時候達到了黃金時代。

他把重建羅馬奴隸制帝國的統治當作終生奮鬥的目標。他東征西討，重新恢復了羅馬帝國的疆域後，又在國內大興土木，不遺餘力地建築城堡、修道院和教堂。君士坦丁堡做為首都，更代表了帝國的形象和信心。於是成批的工匠和大理石從各地運來，君士坦丁堡幾乎變成了一座巨大的博物館。

　　西元 532 年，查士丁尼大帝下令重建聖索菲亞大教堂，幾萬名工匠日以繼夜地趕工，5 年之後大教堂終於建成。

　　查士丁尼大帝站在煥然一新的聖索菲亞大教堂裡自豪地說：「所羅門王，我終於超越你了。」四百多年以後，俄羅斯弗拉基米爾大公第一次進入聖索菲亞教堂時，也不由得發出讚嘆道：「我都不知道自己是置身於天上還是塵世。」

　　可是歷史的車輪不斷地前進，拜占庭帝國終於不可避免地迎來了衰落的命運，帝國的版圖不斷縮小，最後只剩君士坦丁堡這一座城市。西元 1204 年十字軍對君士坦丁堡的劫掠，聖索菲亞大教堂也沒能倖免，遭到了巨大的損失。

　　西元 1300 年，奧斯曼帝國崛起了，奧斯曼自稱蘇丹，宣佈奧斯曼帝國是一個伊斯蘭國家。

　　西元 1451 年，穆罕默德二世即位，他把目標指向了君士坦丁堡。他要佔領這座基督教的聖地，把它變成伊斯蘭教的領土。經過兩年的包圍，西元 1453 年，穆罕默德蘇丹終於發動了全面總攻。這時，聖索菲亞大教堂的圓頂發出血一般的紅光，然後變黑。

　　在這一可怕的預兆面前，君士坦丁堡陷入了絕望的境地。全體人民都聚焦在教堂裡高聲祈禱。

　　土耳其人進入君士坦丁堡後燒殺搶掠，君士坦丁堡的輝煌文明被洗劫

一空。穆罕默德蘇丹來到聖索菲亞大教堂前，跪在地上抓起一把土撒在自己的頭巾上。

從此，聖索菲亞大教堂被改為一座清真寺。君士坦丁堡也被改名為伊斯坦布爾，拜占庭帝國在歷史上歸於沉寂。

小知識

聖索菲亞大教堂又叫聖智大教堂，位於土耳其的首都伊斯坦布爾，與藍色清真寺隔街相望。教堂的前身是一座供奉阿波羅的廟宇，西元 335 年君士坦丁一世將其改建為基督教堂，西元 532 年查士丁尼大帝續建，成為拜占庭帝國全盛時期的傑作。

拜占庭帝國衰落後，聖索菲亞大教堂雙被改建為伊斯蘭教的清真寺，現為基督教和伊斯蘭教共有的宗教博物館。教堂主體呈長方形，佔地面積近 8000 平方米。巨大的圓頂直徑 33 米，高 62 米，光線照進來的時候整個穹頂彷彿飄浮在空中。五彩斑斕的馬賽克鑲嵌畫也是精美絕倫，令人嘆為觀止，是拜占庭建築藝術的典範。

墨西哥 瓜達羅佩聖母大教堂
──棕色皮膚的瓜達羅佩聖母

瓜達羅佩聖母像

　　西元 1531 年 12 月 9 日，一個謙卑的印第安人胡安·迪亞戈看到了聖母顯現的神蹟。聖母要他請主教在祂顯現的地方建一座教堂。主教根本不相信這個印第安人的話，除非他能拿出一個證據證明自己所言非假。

　　聖母讓胡安去山上採玫瑰。胡安邊往山上走邊想：「現在是冬天，哪裡會有玫瑰呢？」當胡安來到山上時一看，果然滿山的花都開了。他用自己的長衣襟兜住採來的玫瑰，去拿給主教看。主教見了這麼多玫瑰也很驚奇，當胡安打開衣襟把玫瑰花撒在主教面前時，所看到的不僅是玫瑰花，還有一幅印在長衣襟上的聖母像。主教馬上相信了胡安的話，派人在聖母顯現的地方修建了一座教堂。

聖母出現的奇蹟，在印第安人中引起很大風波。西班牙神父為了讓印第安人更快更好地接受基督教，把顯示神蹟的聖母瑪利亞的皮膚變成了與印第安人一樣的棕色，把聖母瑪利亞的名字也改成了印第安人熟悉的瓜達羅佩聖母。

在聖母顯現的後來幾年內，土著瓜達羅佩聖母可以說是現在墨西哥人信仰的一大支柱。瓜達羅佩聖母瞻禮日在每年的十二月十二日。在墨西哥人眼中，如果你不信瓜達羅佩聖母，那麼你就不是真正的墨西哥人。

從西元 1521 年西班牙征服墨西哥後整整 10 年，西班牙的傳教士在印第安人中沒有形成多大的影響，而西元 1531 年出現了瓜達羅佩聖母後不到 7 年時間，竟有 800 萬以上的印第安人改信天主教。印第安人的歸化明顯增多，當地文化也逐漸向基督福音開放。正是因為這位棕色皮膚的聖母，今天在墨西哥才有 89% 的人篤信天主教。

19 世紀初，在墨西哥反對西班牙殖民者的獨立抗爭中，瓜達羅佩聖母被封為將軍。抗爭的大旗上寫著：「宗教萬歲！最神聖的瓜達羅佩聖母萬歲！」那時，瓜達羅佩聖母成了墨西哥的自由女神。後來，墨西哥獨裁者波爾菲利奧‧迪亞茲尊稱瓜達羅佩聖母為「墨西哥之母」。不久，推翻迪亞茲獨裁統治的農民運動領袖埃米利奧‧薩帕塔也將祂奉為保護神。

即使今天，仍舊沒有哪個政客敢批評瓜達羅佩聖母。瓜達羅佩聖母因為代表國家統一、民族與文化融合，從而成為墨西哥的民族象徵。祂的棕色皮膚，使宗教在墨西哥奇蹟般地化為民族凝聚力。

西元 1895 年，人們為了表達對瓜達羅佩聖母的崇敬，給聖母舉行加冕儀式。墨西哥城的貴族婦女紛紛捐出自己的珠寶手飾，由 18 位手藝高超的首飾藝人精心製成一個 15 公斤重的金銀珠寶鑲嵌的皇冠。在修建瓜達羅佩新教堂時，還將一幅聖母的原始畫像懸掛在祭臺正中的牆壁上，畫框用金邊、銀邊、銅邊三層鑲嵌。只見聖母身披綠色斗篷、雙手合十，頭安祥地

垂向右側，背後放出金色聖光。這幅畫的原件已被墨西哥政府做為國寶收
藏起來，現在掛在教堂內的是複製品。

小知識

　　瓜達羅佩聖母大教堂位於墨西哥城東北郊的特佩亞克聖山下，被列為世界天主
教三大奇觀之一。現在看到的瓜達羅佩聖母大教堂是西元 1976 年修建的一幢現代
化宗教建築，與一座瓜達羅佩舊教堂相毗鄰。瓜達羅佩聖母堂中最珍貴的物品，是
掛在祭臺正中牆壁上的瓜達羅佩聖母像，以及聖母像上的那頂皇冠。每年 12 月 12
日被定為瓜達羅佩聖母節。節日前後，多達 600 萬朝聖者背著聖母像，不遠千里
來到瓜達羅佩聖母像面前許願祈禱。印第安族教徒還會表演傳統的民族舞蹈，按自
己的方式祭祀聖母。慶祝活動會持續一個月左右。

琴斯托霍瓦光明山修道院
——黑色聖母的傷痕

波蘭

琴斯托霍瓦黑聖母像

　　據福音記載，基督在十字架上受難時曾將自己的母親託付給愛徒若望。若望接聖母到自己家中時，聖母將一張雪松木做的桌子也帶了過去。這張桌子正是耶穌自己在拿撒勒的木工坊裡親手製作的。聖徒路加寫福音故事時曾多次登門拜訪聖母，他根據聖母的講述才將耶穌的童年寫進了福音。路加也是位畫家，他親手在這張不尋常的桌面上畫出了聖母抱著耶穌的聖像。

　　西元 326 年，君士坦丁大帝的母親聖海倫來到耶路撒冷朝聖，尋獲到耶穌的十字架真木，同時也發現了這幅珍貴的畫像。自此，這幅桌面上的聖像由君士坦丁堡的教會保存了五個世紀之久。

西元 746 年到西元 843 年的一百年間，教會歷史上發生了反聖像運動，東正教會嚴厲地禁止宗教圖像的存在。西元 1453 年，君士坦丁堡陷落之後，為避免聖像遭到破壞曾幾經轉移。9 世紀時，聖像被帶到了北歐，放置在位於紅色魯塞尼亞利沃夫的東北部的貝爾茲城堡。14 世紀，當城堡被韃靼部落包圍的時候，一支流矢刺中了聖母像的頸部。

　　考慮到聖像的安全，匈牙利王子拉迪斯拉斯偷偷將聖像送到波蘭南部的西里西亞。途經琴斯托霍瓦時天色已晚，於是，王子便在聖母升天教堂的修道院過夜。第二天，他把聖像放在馬車上繼續趕路，然而馬卻拒絕前行，王子認為這是聖母的意願於是便決定在此停留不再前行。因此，聖像自西元 1382 年 8 月 26 日被安置於光明山上，委託保祿隱修會的修士們妥善保管，直至今日。

　　西元 1430 年，布拉格的一位異端司祭和一群瘋狂追隨者衝進教堂，將琴斯托霍瓦教堂內的金銀財寶洗劫一空。異端份子逃上馬車，但馬卻拒絕前行。隱修會的修士們喝令他們交出聖像。他們勃然大怒，拔出利劍向聖像砍去，當兇手舉刀試圖砍第三次時，突然全身癱瘓，倒地身亡。別的異端份子驚恐之下紛紛逃走了。聖像被粗暴地用刀劃開，木質底座被毀，聖母瑪利亞的臉頰上留下了兩道修復不了的傷痕。保祿會隱修士把聖像交給波蘭國王亞蓋沃和王后海德薇格保管。國王請來畫家修復聖像，嘗試用多種方法對聖像進行清洗上色。然而聖母臉上的傷疤還會神奇地再次顯露出來。

　　17 世紀瑞典入侵波蘭，在一次圍城期間，聖像奇蹟般地拯救了即將付之一炬的光明山修道院。雖然聖母子的臉因此被煙燻黑，但這件事激勵了波蘭人民奮起抵抗，不久波蘭聯合克里米亞汗國之後反敗為勝擊退了瑞典人。

戰爭結束後，西元 1656 年 4 月 1 日，波蘭國王約翰‧卡齊米日在利沃夫主教座堂，莊重地發誓將波蘭奉獻在聖母的保佑之下，宣佈祂是波蘭的庇護者。1717 年聖母瑪利亞的加冕禮之後，波蘭主教區於西元 1920 年宣佈成立，祂成為波蘭的女王。這幅畫已經成為了朝聖的主題，每年都吸引著來自全世界約 400 多萬的朝聖者。

小知識

　　光明山修道院位於波蘭南部的琴斯托霍瓦，是波蘭最著名的聖母院，也是該國最重要的朝聖地，亦是許多波蘭人的精神首都。西元 1382 年由奧波萊公爵邀請來的匈牙利聖保羅派神父創建。修道院內正祭臺上方的琴斯托霍瓦聖母抱耶穌的聖像，稱為琴斯托霍瓦黑聖母像，是光明山修道院最珍貴的財富。

拉利貝拉岩石教堂

衣索比亞

——岩石鑿成的教堂

拉利貝拉教堂

　　扎格維王朝的國王拉利貝拉生於西元 1181 年，據說出生時身邊有蜜蜂盤旋不去，所以取名為拉利貝拉，意思是「蜜蜂認可他的王位」之意。他的父母很喜愛他，因此而冷落了他的哥哥。就在拉利貝拉即將登上王位之時，他的哥哥竟然對自己的親弟弟下了毒。拉利貝拉昏迷了三天三夜，別人都以為他再也醒不過來了。第三天，拉利貝拉醒了過來，並且告訴人們他在夢中得到了耶穌的神諭。耶穌讓他在衣索比亞造一座新的耶路撒冷城，而且要用一整塊岩石建造十一座教堂。

　　順利登上王位之後，拉利貝拉就開始了他的偉大工程。拉利貝拉按照神諭在衣索比亞北部海拔 2600 米的岩石高原上，動用 2 萬人工，花了 24 年的時間在大片紅色火山石灰岩上鑿出了十一座岩石教堂。

整岩教堂的建成十分艱巨。首先，人們要把覆蓋在岩層上的土壤除掉，然後，在岩層上從四周垂直往下開鑿以削出深達 12 至 15 米的巨大石塊，最後在石頭上外削內鏤，而整個教堂的內部結構和裝飾都是在裡面刻出來。

　　門窗是從裡往外鏤空透雕而成，整岩教堂矗立於 7 ～ 12 米深的環狀通道的中央，雕刻從頂部的穹頂、天花、拱門和上層窗戶開始，一直延續至底部的地板、門和基石。為了使夏季影響拉利貝拉的大雨能順暢排出，教堂各處的水平面都有所傾斜，而建築物突出部分，包括屋頂、飛簷、過樑和窗臺突出程度視雨水方向而定，可見教堂建築大師曾經匠心獨運，解決難題。開鑿工程分階段進行，一些人負責開鑿獨石，將它與周圍岩石分離，另一些則負責製作成型，碎石則是經過窗門搬運，所使用的都是鎬和杠杆等簡單工具。

　　它的建成象徵 12 至 13 世紀基督教文明在衣索比亞的繁榮發展。13 世紀穆斯林征服北非，中斷了非洲朝拜者通往基督教聖地耶路撒冷的道路，因此這十一座教堂正如耶穌說，成為了一座新的耶路撒冷城。

　　從此，拉利貝拉成為衣索比亞人的聖地。至今，每年 1 月 7 日衣索比亞耶誕節和 1 月 18 日的主顯節，信徒們都彙集於此。在隆重的慶典中，牧師們在約旦河岸邊列隊前行，他們頭頂的帽子上戴著從十一座教堂取出的被稱為「塔波特」的聖物。塔波特象徵了舊約中描述的隨著黃金約櫃一起被帶到衣索比亞的摩西法典。

小知識

　　拉利貝拉岩石教堂位於衣索比亞距首都阿迪斯阿貝巴 300 多公里的拉利貝拉城。它們建於西元 12 世紀後期拉利貝拉位國王統治時期，是扎格維王朝建築的豐碑，也是衣索比亞人信奉基督教的見證，向來被人讚譽為世界第八大奇蹟。十一座教堂從整塊紅色火山岩上雕刻而成，全世界絕無僅有。其中七座位於地面上，剩下四座則位於地下。它們憑藉地下通道相互連接。中世紀時拉利貝拉岩石教堂被基督教稱為新耶路撒冷。西元 1978 年列入世界遺產名錄。

南非　聖喬治教堂
——黑人民權鬥士圖圖

聖喬治教堂

　　西元 1931 年 10 月 7 日，南非黑人大主教圖圖，生於特蘭士瓦省的一個教師家庭。圖圖曾在班圖師範學院、南非大學和英國倫敦大學學習，西元 1954 年畢業後成為一名教師。但目睹當時教育體制對黑人學生的歧視，他憤然辭職進入神學院。

　　30 歲時，他已經成為英國聖公教會教士。60 年代末，他來到位於開普敦東部的黑爾堡大學擔任指導神父。黑爾堡大學是當時南非、也是整個南部非洲為數不多的一所黑人精英學府，曼德拉領導的非洲人國民大會的骨幹力量都曾在這裡就學。

　　圖圖神職人員的身分使他得以免於執政當局的迫害，他利用佈道的機

會，向信徒宣傳權利平等的主張，抨擊種族隔離政策和各種社會不公。不久，圖圖便成為南非反種族歧視和種族隔離制度抗爭中最有影響的人物。西元 1975 年圖圖被委任為約翰尼斯堡英國聖公會教長，第二年任萊索托王國主教。

圖圖身高不高，但是能言善辯，機智幽默。

西元 1984 年，他在紐約的一次宗教儀式上演講時說：「白人傳教士剛到非洲時，他們手裡有《聖經》，我們手裡有土地。傳教士說：『讓我們祈禱吧』，於是，我們閉目祈禱。可是，等我們睜開眼時發現情況倒過來了：我們手裡有了《聖經》，他們手裡有了土地。」

圖圖被挪威議會諾貝爾委員會授予 1984 年諾貝爾和平獎時，他也曾經調侃自己：「他們把這個獎頒給我，大部分原因一定是因為我的名字更容易上口。」他始終強調和平、非暴力的努力，拒絕復仇慾望與暴力。他曾以他特有的幽默表示，「怨恨與憤怒無論對血壓，還是對於消化都不好。」

正因為他的種種努力，西元 1985 年 2 月，圖圖在約翰尼斯堡宣誓成為南非第一位黑人大主教，還獲得紐約神學院神學博士、倫敦大學皇家學院院士、英國坎特佈雷大學教會法規博士、哈佛大學法學博士、哥倫比亞大學博士等榮譽學位和稱號。

西元 1989 年 9 月 13 日，圖圖帶領了 3 萬南非民眾從開普敦的聖喬治教堂出發，進行了著名的反種族主義統治大遊行，遊行隊伍一路高呼：「我們是彩虹民族，我們是南非的新人民。」

圖圖所創造的「彩虹民族」一詞從此成為南非各種族人民大融合的口號。圖圖多次在開普敦組織大型集會，呼籲國際社會關注南非黑人的處境，經濟制裁推行種族隔離政策的白人政權，用非暴力方式反對南非當局種族

歧視政策的抗爭。

　　反對種族隔離制度的抗爭結束後，圖圖也早已不再擔任大主教職務，但他始終沒有放棄抗議社會不公、推動和平事業的努力。

小知識

　　聖喬治教堂位於好望角北端的開普敦，瀕臨大西洋特布林灣。聖喬治教堂最早是由取自開普敦附近的桌山上的砂岩所建，西元 1862 年由英國設計師赫伯特·貝克重建為一座新羅馬式建築，經過多年的擴建現在成為世界上享有盛名的教堂之一。它被譽為「人民的教堂」，即便是在南非種族隔離時期，聖喬治教堂的大門始終面向所有種族的人開放。因為圖圖大主教曾經在聖喬治教堂帶領人們為反對種族隔離政策而戰鬥，聖喬治教堂在南非人民心中享有很高的聲望。

聖保羅教堂
——馬修‧福林德的拓荒故事

聖保羅教堂

　　西元 1774 年，馬修‧福林德出生於英國的林肯郡，後來成為 19 世紀初期最成功的航海家之一。

　　西元 1770 年，英國航海家庫克船長發現澳大利亞東海岸，並宣佈這片土地是英國的屬土，將其命名為「新南威爾斯」。西元 1801 年，英國國王喬治三世令馬修‧福林德探索「新南威爾斯」以及海灣的地形。同年 7 月，他率領探險隊從英格蘭的海邊出發。

　　西元 1802 年 4 月 8 日船隊在途中遇到了法國探險家尼可拉斯‧包丁的船隊。尼可拉斯‧包丁也是奉國家之命前來勘察未知的澳大利亞南部海岸的，兩人還就海岸線的細節問題交換了許多研究成果，都得到了一些珍貴

的發現，後來兩支勘察隊還一起到雪梨補足物資。

　　福林德在以後的著作裡為他們初遇的地方取名叫「相遇灣」。 西元1803年6月，因為勘探船外殼損壞嚴重必須修護，福林德被迫放棄對澳大利亞北部海岸線的探勘，他沿著西海岸返回雪梨。

　　回到雪梨後，福林達斯搭乘英國的小鯨號戰艦想繼續完成北部澳大利亞的勘察，但是小鯨號在大堡礁觸礁，戰艦破損嚴重。福林德冒險與幾名水手駕著小風帆漂行700里回到雪梨，召集人馬前往大堡礁去拯救另外的遇難船員。

　　福林德在西元1803年底乘船返回英國，但是被迫在毛里求斯修船停靠，毛里求斯法國總督把他當成戰俘監禁起來。福林德在獄中的第一年裡整天伏於案頭，將他在澳大利亞勘察的結果繪製成了一幅92cm長，72cm寬的地圖，並在給喬瑟夫‧班克斯爵士的信中稱之為「我的澳大利亞全圖」，這是世界上第一幅澳大利亞地圖。雖然福林德不是第一個踏上澳大利亞大陸的歐洲人，但是他發現了從澳大利亞西海岸到東海岸之間有一條連續不斷的海岸線，最終證實了澳大利亞是一塊新大陸。

　　直到西元1810年英法戰爭結束，福林德才終於回到了英國。返回倫敦後，福林德到處宣揚「澳大利亞」這個名字，但是他很快發現對他施以援助的班克斯爵士並不喜歡這個名字，他更習慣以「南極光照耀的地方」或「新荷蘭」稱呼澳大利亞。

　　因此福林德在獻上地圖時並沒有署下「澳大利亞」的名字。他把在澳大利亞勘察的研究整理成一本日誌，西元1814年7月17日印刷出版了。第二天，福林德便與世長辭，享年四十歲。這本日誌問世後受到了廣泛的傳閱，日誌裡提到的「澳大利亞」一詞也被大家接受。西元1824年英國海軍終於承認「澳大利亞」這一名字為澳大利亞的正式通用名。

西元 2006 年，聖保羅教堂外建起一尊他的銅像，銅像旁還有一隻貓。這隻貓是福林德生前的寵物，牠陪伴著福林德飄洋過海勘察澳大利亞，是隻勇敢的探險貓。

小知識

聖保羅教堂位於墨爾本市中心，是一個英國聖公會大教堂。由英國建築師威廉·巴特菲設計，建於西元 1891 年，它是墨爾本最早的英國式教堂，也是墨爾本市區內最著名的建築。它之所以聞名是因為它是以藍石砌成的，而且牆壁上有著精細的紋路。西元 1932 年，教堂又加了三根尖塔，使它看起來更加雄偉。該教堂外面的草坪上有一尊馬修·福林德的塑像。

德國 科隆大教堂
——東方三博士安息之地

科隆大教堂

　　科隆是德國第四大城市，也是一座歷史悠久的文化名城，有著深厚的宗教文化氛圍。中世紀時，科隆的宗教地位漸漸加強，許多教堂建築的興建使它獲得了「北方的耶路撒冷」的美譽，而其中最令科隆人自豪的就是象徵性建築——科隆大教堂了。

　　科隆大教堂裡有許多涉及宗教故事的寶物，其中最著名的就是中世紀的黃金匣——三王龕，由黃金、寶石和珍貴飾品組合而成，三王的遺骸安息在裡面。它因耶穌的故事而傳名。

　　當小耶穌誕生時，伯利恆的天空中出現了一顆閃耀的星星，有三個智慧的博士見到後特意從東方趕到耶路撒冷，並到處打聽：「那個天生為猶太人之王的人在哪裡出生的？我們在東方看見屬於他的星星顯現，專程趕來拜訪他。」耶路撒冷城內因此傳得沸沸揚揚。

希律王聽聞後感覺不安，召齊了全國的祭司長和民間的文士過來詢問：「外面的傳言是否真的，基督生在何處？」有人回答說：「他生在伯利恆。先知早有預言：『猶大地的伯利恆啊，你在猶大諸城中並不是最小的，因為將來有一位君王要從你那裡出來，牧養我以色列民。』」

　　希律王召了三博士過來，詳細地問星星的情況，假裝尊敬地讓他們前往伯利恆，說：「你們好好認真地尋訪那小孩子，找到了就來報信，我也好知道去哪裡拜訪他。」三博士跟著星星前進，到了小耶穌所在的地方，十分歡喜地進了房子，看見聖母瑪利亞抱著聖嬰，便恭敬地跪拜下來。

　　第一位加斯巴小心翼翼地揭開寶盒，他從遠方帶來的禮物是一隻由純黃金打造的爵，象徵著至高無上的高貴。

　　第二位默基奧穿著司祭禮服，跪在聖嬰耶穌前奉上帶來的乳香，象徵著世上最純淨和美好的事物。

　　最後一位是毛里塔尼人巴爾大薩。巴爾大薩膚色黝黑，頭髮捲曲，有厚厚的豐唇，面容虔敬，他獻上的禮物是沒藥。沒藥是用來為屍體施以塗油禮的，象徵著偉大的救世者會經歷的苦難與死亡。

　　那珍貴的黃金的爵讓他們震驚，聖母也感受到獻上美好的乳香的光榮，就像她幼年在耶路撒冷殿所見的獻香一樣尊敬，感動得眼淚盈眶。她小心地收藏下他們獻上的禮物，只有小耶穌坦然自若。三博士把心中一番盛意向耶穌表達之後，便站起身告辭了。因為上帝曾在他們的夢中指示，命他們不要回去見希律，恐怕傷害到小耶穌，所以，他們就繞道回東方去了。

小知識

　　科隆大教堂是位於德國科隆的一座天主教堂，是該市的象徵性建築物。它從13世紀中開始建，工程時斷時續，至1880年才由德皇威廉一世宣告完工，耗時超過600年，直到今日仍然修繕工程不斷。它既是世界上第三高的教堂，也是世界上第三大的歌德式教堂。

謝爾蓋聖三一大教堂
——聖徒謝爾蓋

俄羅斯

謝爾蓋聖三一大教堂

　　聖三一大教堂的創建人謝爾蓋‧拉多涅日斯基是一位傑出的宗教活動家。他思想深刻，一生追求自我完善，嚮往隱居靜修的生活，但又熱衷於與莫斯科大公聯合，參與政治活動。這使得他的情感取向複雜難解，也令他的一生顯得詭譎多彩。

　　謝爾蓋‧拉多涅日斯基是有著羅斯托夫高貴血統的貴族子弟，但他卻從幼年時起就嚮往隱居修性的生活，對於富裕優越的世俗生活毫無留戀。西元 1337 年，正值年輕力壯的他和兄長斯傑凡一起尋找隱居之所，最後在拉多涅日周邊的森林丘崗上建了一座小教堂及一間修道小屋，開始了做修行隱士的生活。

隱士的生活並非如想像中那般是在青山綠水、清幽潔雅的地方安靜度日，相反是非常艱苦的：四方無鄰，天地不應，野獸出沒……所以選擇當隱士，就需要有堅忍不拔的意志。兄長斯傑凡忍受了一段時間後，因為實在忍受不了冬天的苦寒和寒酸無味的飲食而離開了。謝爾蓋卻顯現出驚人的堅定，選擇獨自過苦修生活。一個將被後世記住的人往往就是這樣，選擇了一條想要走的路，無論如何都能堅持走下去。

　　不久，堅持苦修的謝爾蓋已和當年的青澀少年判若兩人了。他隱居修道的地方很偏僻，但這沒能阻擋住他的名望。他的學識和虔誠漸漸為人所知，不少農民、市民來祈求謝爾蓋的祝福和指導，有些虔誠的教眾乾脆定居在他那裡。

　　謝爾蓋並沒有因名氣與才能而自尊自大、沾沾自喜。在生活上他一切依舊，甚至更加苛刻，因為他清楚地知道自己的理想距離實現還很遙遠。他更加努力的工作，每天都親自主持禮拜儀式，親自準備發酵麵包，給每個修士房間的水桶裡都裝滿清泉水。他用行動為修士們樹立了勤勞、謙遜、虔誠、堅韌的榜樣。

　　西元 1357 年，金帳汗國陷入分裂，莫斯科公國趁機開始壯大自己的勢力。金帳汗國意識到這是個隱形炸彈，於是與立陶宛大公聯合起來希望一舉消滅眼中釘。

　　西元 1380 年夏季，金帳汗國大舉進犯莫斯科。同年 9 月，謝爾蓋聽到消息後馬上到處發佈俄軍必勝的言論，並親自為即將奔赴疆場的莫斯科的軍隊祈願，甚至讓一些精通謀略的修士去做軍事參謀。當時，謝爾蓋的影響力已大，他毫不猶豫地挺身而出的行為，大大地鼓舞了本地民眾和即將與強敵交戰的軍隊士氣，他推薦的修士也給了很多正確的指導，使戰事一度逢凶化吉、轉危為安。

謝爾蓋還親自為受傷的戰士祈禱。也許是他的祈禱感動了上帝，奇蹟一個接一個地出現了，越來越多的受了重傷的士兵竟然神奇地被救活。而最終，謝爾蓋關於戰爭必勝的預言也得到了證實。

　　從此，謝爾蓋的事蹟在全國傳開。人們認為謝爾蓋的至真至誠得到了神力的庇護，於是，更多的病患者、窮人、朝拜者紛紛來向他尋求指示。謝爾蓋也成為了當時的聖人。

小知識

　　謝爾蓋聖三一大教堂位於俄羅斯的謝爾蓋耶夫，是東正教最古老的教堂之一。教堂由五個綠色圓頂組成，風格別致，是俄羅斯早期白石建築藝術的典範，古典建築群的代表，也是謝爾蓋精神的象徵和傳奇人生的見證。謝爾蓋耶夫是俄羅斯的東正教中心，類似梵蒂岡在天主教中的地位。

聖馬可大教堂

義大利

——威尼斯的守護神

聖馬可大教堂

聖馬可大教堂顧名思義是為聖徒馬可建造的，是威尼斯著名的教堂，以華麗著稱，在西元 1807 年之前是專屬於威尼斯總督的私人禮拜堂。

馬可又名約翰，家鄉在耶路撒冷，家境很好。他家與耶穌頗有淵源，不僅母親認識耶穌，最後的晚餐和五旬節前的門徒禱告也都是在他家進行的。當時耶路撒冷教會的總部曾設在他家，彼得出監獄後第一個去的地方也是他家。

馬可的表兄巴拿巴也是虔誠的信徒，他把家產都奉獻出來，專心從事傳教的福音工作。他帶著馬可一起去安提阿、小亞西亞傳道，但不久之後馬可便因故返回耶路撒冷。同行的保羅認為他不夠虔誠，相當不滿。耶路

撒冷會議後，巴拿巴又帶馬可往居比路傳道，從此關於馬可的記載就暫時消失。

馬可後來與保羅一起在羅馬傳道時，表現獲得了保羅的認可，保羅說他：「在傳道的事上於我有益處。」能讓保羅對他刮目相看，可見馬可必是頗有長進了。

《馬可福音》是馬可在主後六十年左右在羅馬寫成的，是聖經四福音中最早完成的作品。馬可並不是耶穌最親近的門徒，但因為環境與身分的特殊性，對耶穌瞭解頗深，又與彼得生活在一起，便於把彼得的宣講記錄下來，所以他的紀錄是極為可靠。當時羅馬的信徒處境不佳，馬可做為一個忠實的紀錄者，用平實的文字寫下耶穌謙卑的生涯，耐心地解釋了猶太的傳統及詞彙，又注意到了羅馬人的文字習慣，且滿含熱情的深切呼籲，感染力很強，所以寫成後迅速在外邦教會中流傳，為基督教的傳播發揮很大的作用。

有一天，馬可來到威尼斯傳道，突然刮起了大風暴，轉眼大風把船颳到了沙岸邊。這裡寬闊得無邊無際，不見人煙，只有荒涼的沼澤地，使他恐懼自己的生命是否走到了盡頭。在絕望的時候，他想到了他的信仰。「主啊！」緊張的馬可跪下來虔誠地向上帝禱告。

「馬可，願你平安。」空中出現了上帝祝福的聲音，「不要擔心，現在你還有責任在肩，在未來到時間後，這裡才是你最終的安息之所，並受到人們的尊敬。」

果然，馬可那次安全離開了，殉道後才在這裡安息。馬可是在去亞歷山大里亞傳教時被該地的異教徒殺害的，遺體被放在亞歷山大港異教徒的教堂裡。威尼斯水手布奧諾和魯斯蒂闖入了那座教堂，盜走了馬可的屍體，運到威尼斯後，安葬在了聖馬可大教堂裡。至今人們如果來到聖馬可教堂，還可以在弦月窗找到傳頌這個故事的鑲嵌畫。

威尼斯人奉聖馬可為城市的守護神，祂的坐騎是獅子。在威尼斯，隨處都能見到長著雙翅的聖馬可飛獅，威尼斯的城徽就是一隻巨獅抱著福音書。這些獅子雕像的爪子都指著一本打開的《聖經》，上面刻著「願您安息，馬可，我的福音佈道者」，這是曾出現在聖馬可夢中的天使對他說的話。

小知識

　　聖馬可大教堂位於義大利威尼斯市的聖馬可廣場，始建於西元 829 年，曾是中世紀歐洲最大的教堂，第四次十字軍東征的出發地，是基督教最負盛名的大教堂之一。教堂建築循融拜占庭式、歌德式、伊斯蘭式、文藝復興式各種流派於一體，是威尼斯建築藝術的經典之作，也是一座收藏豐富藝術品的寶庫。

阿托斯山

希臘

——聖母像顯靈

阿托斯山

　　有一尊顯過很多次靈蹟的聖母像原作至今仍保存在東正教的修道中心——阿托斯聖山上。這幅聖像由使徒路喀所作，9世紀時保存在尼西亞的一位寡婦家裡。

　　聖母像第一次顯靈是拜占庭皇帝德奧菲洛在位年間，毀像一派得到皇權的支持，於是一群士兵闖入了那位寡婦的家，在一間小祈禱室內發現了這尊聖母像。一個士兵拿起劍向聖像刺去，刺中了畫像上聖母的臉頰，結果竟有鮮血從被刺出的傷口中湧出！這個士兵被深深震憾，他痛改前非，加入保護聖像一派中，建議寡婦藏起聖像以免再遭異端褻瀆。弱小無力的寡婦在聖像前祈禱，聽到了聖母的指引後，便將聖像投入浩瀚的大海。

令寡婦驚訝和欣喜的是，在波濤洶湧的海面上，聖像不僅沒有沉入海底，反而在海面上直立起來，向西漂流，最終失去了蹤影。後來寡婦的兒子為了逃避迫害，離開尼西亞去了阿托斯聖山當修士，他把這個傳奇的故事也帶到了那裡。寡婦的兒子一直過著平靜的修士生活，直到壽終，這個故事也在修士中一代代流傳下來。

　　許多年以後，消失的聖母像在阿托斯山依維隆修道院的海邊又神奇地出現了！當時，修道院內有一位名叫伽弗里伊爾的修士見到聖母顯現，要他去通知院長和修士們，說祂願意聖像在此安家，為他們助佑。聖母鼓勵他靠近水面上的聖像，用雙手拿起來。伽弗里伊爾聽從了聖母的話，走上水面——竟像在平地上一樣從容。他就這樣把聖像帶到岸上，帶回了修道院，小心地供放在聖所中。

　　令人不解的是，第二天聖像卻不翼而飛。後來在修道院大門旁的牆上發現了它，於是把它請回聖所。可是第三天情況依舊，聖像又出現在了大門旁。

　　這神秘的狀況一連發生了好多次，修士們不懂聖母的意思，也無法揣測。後來聖母又向伽弗里伊爾顯現，告訴他，祂不是要修士們來保護聖像，而是希望這聖像來保護他們。於是修士們在修道院的大門附近建了一座教堂，做為聖像的容身之地，供人們敬奉。聖像便一直供奉在那裡，人們把聖母像尊稱為「依維隆聖母」。

　　在此後，依維隆聖母多次顯靈，救助了很多在病痛中掙扎的患者，海盜來襲擊時令修道院和修士們安然無恙。聖像顯靈的消息一傳十、十傳百，由去聖山的朝聖者們傳到了遙遠的俄羅斯。

　　17 世紀時，莫斯科的修士大司祭尼康來聖山拜訪，被聖像深深折服。他請求院長複製一尊依維隆聖母像贈送給俄羅斯，慷慨的院長滿足了他的心願。結果，那尊複製的聖母像也顯現了很多神蹟，所以，俄羅斯人也特

地在莫斯科克里姆林宮旁修建了一所小教堂，在那裡供奉聖母聖像。

可惜的是，1917 年俄國革命的風暴來臨，小教堂在混亂中被布林什維克踏平，複製的聖母像從此不知所蹤，至今無人發現其下落。或許有一天，它又將神秘地出現吧！

小知識

阿托斯山位於希臘海岸的哈爾基季基州一個險峻難達的半島上，是希臘著名的空中修道院，於 1988 年成為聯合國教科文組織世界文化遺產。因傳說聖母瑪利亞在阿托斯山庭園休息，其他女性被禁止進入，因此，這裡成了女性的禁地。阿托斯山被稱為「聖山」，是東正教最早的修道院之一。西元 10 世紀開始出現僧侶村，15 世紀後進入鼎盛時期，最多時有兩萬多修道士，如今有九百多名。這裡是世界上僅存的僧侶政治地區，也是歐洲獨一無二的實行禁慾生活的地方。

Section 3

佛光普照，澤被眾生
——佛教聖地

鹿野苑
——仁慈的鹿王

鹿野苑

　　傳說釋迦牟尼的前世是頭鹿王，與堂弟提婆達多共同率領五百頭鹿，生活在波羅奈國城外的森林裡。

　　由於國王偏愛狩獵，所以經常率人到森林裡獵殺鹿群。鹿王常常看到自己的同類被折磨得死傷累累，心中一陣淒涼，同時又憤恨自己做為鹿王沒能好好保護牠們。

　　終於有一天，鹿王鼓起勇氣親自去面見國王。

　　大殿之上，鹿王毫無懼色，對國王說：「大王經常捕殺我族同類，使我族終日不得安寧，傷亡慘重。如此下去，我族滅絕了，大王也沒有什麼好處。我願意今後每天向大王貢獻一頭鹿，這樣就既可以讓大王每天都能

吃到新鮮鹿肉，又可以讓我們有得以喘息、休養生息的時間了。」國王聽後，覺得不無道理，於是就答應了鹿王的提議。

鹿王回到森林之後，和提婆達多鹿王商量，決定牠們兩個輪流每天送一頭鹿給國王。

就這樣一天天過去了，直到有一天，再次輪到提婆達多鹿王進貢的時候，牠選中的恰好是一頭懷孕的母鹿。母鹿望著隆起的肚子，想到鹿兒還未出生就要遭受殺身之苦，就流著眼淚向提婆達多鹿王哀求道：「求求你可憐可憐我吧！我的肚子裡還有個孩子，等我把孩子生出來以後，再把我進貢給國王也不遲啊！」

但是提婆達多卻十分冷漠，連正眼也不瞧一眼便說：「有誰不珍愛自己的生命？既然今天輪到妳，那就是妳的命運！」

母鹿苦苦哀求也沒有辦法，長長嘆息：「沒想到我們的鹿王一點都不仁慈啊！」之後牠只好去向佛祖前身的鹿王哀求。仁慈的鹿王聽了母鹿的哀求之後，深深感動，感嘆說：「這真是偉大又善良的母愛！」但牠又想了想，遲疑了：因為牠不能違背自己的諾言，又不能枉死別的鹿，這就陷入了兩難。最後，鹿王做了個出人意料的決定：選擇犧牲自己去代替那頭母鹿。

當鹿王再次來到王宮的時候，國王大為驚訝：「你身為鹿王，擁有選擇的權力，為何會選擇了自己呢？」

鹿王自若回答：「我與堂弟商量好輪流選鹿來送給你，由於今天牠選到了一頭母鹿，母鹿哀求牠生下腹中小鹿再來，被回絕後又來求我。我看母鹿的腹中懷有小鹿，不忍牠們母子同死，所以決定由我來代替牠們。」

國王聽後，沉思良久：「我貴為一國之君，還不如一頭野鹿！你有著一顆無人能及的仁慈的心，我願放你回去，你們也不用進貢鹿了。」國王

放鹿王回去後，在全國下令：今後任何人不得捕殺鹿群。不久，國王還把鹿群居住的森林提名為「鹿野苑」。

　　鹿野苑位於印度北方邦宗教名城瓦臘納西以北 10 公里處，中文另名為仙人論處、仙人住處、仙人鹿園等，是釋迦牟尼成佛後初轉法輪處，佛教的最初僧團也在此成立。鹿野苑是佛教在古印度的四大聖地之一。由於當年佛祖釋迦牟尼成佛之後在此第一次說法收徒（史稱「初轉法輪」），因此一直以來，鹿野苑在佛教歷史上佔據著特殊而重要的地位。當年，釋迦牟尼在菩提伽耶悟道成佛後，西行 200 公里，來到鹿野苑，隨後就在這裡對父親淨飯王派來照顧他的五個隨從講解佛法，五人頓悟後，立即披上了袈裟，成為世界上最早的佛教僧侶。

蘭毗尼花園
——佛祖誕生

尼泊爾

蘭毗尼

　　蘭毗尼花園是釋迦牟尼的誕生地。兩千五百多年前，在古印度西北部，有個迦毗羅衛王國。該國糧食充足，森林繁茂，氣候溫和，可謂美麗富饒。其國王姓喬達摩，名首圖馱那，屬釋迦族，由於他的名字又意為純淨的稻米，所以他又被稱為淨飯王，他的王后叫摩訶摩耶。

　　國王和皇后兩人非常恩愛，然而美中不足的是，這對神仙眷侶結婚多年，卻一直沒有兒女。直到淨飯王年已五十歲時，奇蹟發生了……

　　據說，王后懷孕前，曾夢見一頭六牙白色大象騰空從右肋進入王后的腹中。因為白象是印度的聖物，所以王后懷孕後，心情愉悅，心靈純淨祥和，甚至斷了貪慾，每天只是到幽靜的樹林和水溪旁散步，無憂無慮。而

皇宮御苑中也出現了八種瑞相，百鳥群集，鳴著動聽的歌聲，四季花卉同一時間爭奇鬥豔，最為奇異的是，宮內的大池塘中突然長出一朵大如車輪的白蓮花。

按當時的風俗，婦女第一胎分娩時必須回到娘家，於是淨飯王就為摩耶王后備了華麗的轎子，並派了許多宮女、侍臣，護送摩耶王后回天臂城。摩耶王后在回娘家途中，感到旅途疲乏，就在蘭毗尼花園下轎，到園中休息。當摩耶王后走到一棵蔥蘢茂盛的無憂樹下，這棵樹上盛開的花色澤鮮豔，香氣四溢，王后忍不住伸手去採取鮮花時，驚動了胎氣，只好在樹下生下太子，釋迦牟尼從她的右肋下生出，披著一身金光。

據說，太子誕生時，空奏仙樂、花雨繽紛，天空還瀉下一暖一涼的兩條銀鏈淨水，為太子沐浴。剛出生的太子與其他嬰兒很不一樣，不僅不哭不鬧，還能穩穩地自行七步，一步一蓮，步步生蓮，然後右手指天，左手指地，大聲宣稱：「天上天下，唯我獨尊。」如今佛教徒在「佛誕節」舉行「浴佛法會」時，就會在大雄寶殿上用淨水沐浴太子像。因為中國古代崇尚左，以左為尊，所以中國漢地佛教徒供奉的太子像是左手指天，右手指地。

淨飯王聽說王后在蘭毗尼花園生下太子，欣喜萬分，立即帶領眾多宮女、侍臣、車馬和特製大轎，趕到蘭毗尼花園，將他們接回了皇宮。有位博學多識的星相學家來到皇宮中，他的名字叫阿私陀，當他細細地端詳安然而臥的太子，被深深地震撼了，恭敬地說：「非凡人！非凡人！太子相貌奇妙，面如滿月，他是釋迦族的光榮，他將會成為人世間的救主。」

西元前 565 年，中國農曆的四月八日，是太子的誕生日，佛教將這一天定為「浴佛節」，也稱「佛誕節」。

太子誕生後第五天，淨飯王讓全國眾多有名望的學者為太子取名字。幾番討論後，一致同意太子應取名叫喬達摩‧悉達多。悉達多，意為「吉

祥」和「成就一切」。此後，迦毗羅衛全國不斷出現吉祥之事，江河清澈，花木繁茂，五穀豐登，人人和睦。

小知識

　　蘭毗尼位於尼泊爾南部特萊平原，是佛教創始人釋迦牟尼的誕生地，是世界各地佛教徒渴望朝拜之地，也是當代佛教復興的基地。在聖園周圍，有尼泊爾、日本、韓國、越南、泰國、緬甸等國援建的寺廟，藏傳佛教的白教葛舉派也有一座較大寺廟在此。蘭毗尼西27公里處，是當年釋迦牟尼的父親淨飯王和王后摩耶夫人的王宮位置，稱梯羅拉廓特。

菩提伽耶

印度

——菩提樹下的悟道

菩提伽耶的正覺佛塔

　　佛祖釋迦牟尼未成佛之前是迦毗羅衛國的太子，很少到外界看人間百態。他從小集萬千寵愛於一身，故對世間的醜惡疾苦毫不知情，然而優越的生活卻沒有鎖住他對外界的好奇心。

　　一天，他稟告父王說自己想去外面遊覽一下，父王允諾，他便帶上僕人出發。在城東門口，一個滿頭白髮、駝背彎腰、站也不穩的人引起了太子的注意。太子好奇地問僕人：「這是誰？為何這般模樣？」僕人答曰：「他是一個老人，人老後，皆這般。」太子十分感嘆：「人生於世，終會變老；世間草木，春長冬枯。人，到底該留戀什麼？」於是出遊心情頓時煙消雲散，打道回府。

118

那次以後不久，太子又生出想出遊的想法，這次，他在城南門口遇到一個身體瘦弱、皮黃咳嗽、大小便失禁的人。太子覺得又好奇又有點可怕，他又問：「這是什麼人？」僕人說：「那是一個病人。」太子又問：「什麼是病？」僕人回答說：「寒、熱、飢、慾都會引起疾病。一個人病了，與他無異。」太子聽後，十分感嘆：「我的生活這麼舒適，但是也有患病的一天啊！」興致盡去，鬱鬱而歸。

過了一段時間，太子決定再次出遊。在城西門口，他正好碰上一戶人家出殯。一輛裝著死人的車子經過後，傳來一陣呼天搶地之聲：「為什麼要丟下我們呀！以後我們可怎麼生活下去啊！」太子問道：「出什麼事了？」僕人說：「有人死了。」「什麼是死？」太子追問。僕人說：「就是一個生命的精神脫離了肉體。死人的屍體會腐爛發臭。」太子若有所思，折回皇宮。

那件事過了數年後，太子才又一次有了出遊的念頭。這次，他在城北門口見到一位身披袈裟、手持鉢盂的出家人。他問僕人：「這是什麼人？」僕人說：「這是出家人。」太子又問：「什麼是出家人？」僕人回答：「一心追求真理、捨家棄子、拋棄七情六慾、遵守戒律的人。他們相信一旦得道，就可以脫離生、老、病、死的痛苦。」太子聽後，竟一心嚮往出家。

國王知道後，打算從此不讓他出宮，但是太子非常堅定，最後逼得父王也只能讓步。中國農曆的二月初八，太子終於得償所願，出城修行。這一天也被定為佛出家日。

太子出家後，一心修苦行道，完全不顧口腹之飢、皮肉之苦。六年後，他骨瘦如柴，卻仍苦於不得解脫之道。一天，他在山林裡遇到一位牧羊女。牧羊女見他這般模樣，就對他說：「你身體這麼虛弱，怎麼修行呢？我給你弄點吃的吧！」牧羊女擠了一些羊奶，採了一點野果，加點其他食材一起放進飯鉢裡，煮成了一鉢香噴噴的乳糜，遞到釋迦牟尼面前。對他來說，

這本來是普通不過的食物，但是此刻吃在嘴裡，竟覺得這簡直就是天下最美味的東西，體力一下就恢復了。然後他走到河邊，洗淨污垢，頓時舒暢無比。

從此，釋迦牟尼決定換一種方式去尋求真理。三十五歲的時候，他來到一個叫菩提迦耶的地方，在一棵菩提樹下，面向東方，兩足壓疊，閉目沉思。足足思考了四十九天（另一說為七天七夜），終於大徹大悟。這一天是中國的農曆十二月初八，後來被稱為佛成道日。

小知識

　　菩提伽耶又稱菩提道場、摩訶菩提，是釋迦牟尼佛悟道成佛處，位於印度比哈爾南部伽耶市近郊 7 公里處之布達葛雅，為佛教四大聖地之一。佛陀成道的日期為中國農曆十二月初八，按西曆推算應該是印度一年中最後的涼爽日子。由於牧羊女讓釋迦牟尼喝了牛奶粥，才使他有氣力走到一棵菩提樹下，證得苦滅真理，所以中國佛教徒都會在這一天煮粥供佛，俗稱「臘八粥」，並逐漸演化為一種民族的飲食習俗。

拘尸那伽
——佛祖涅槃

印度

拘尸那伽

　　在佛祖涅槃的那一天，天地似乎有了預感，大地出現六種特別的震動，似乎在驚慟哀傷，所有動物都在哀鳴，拘尸那伽城的娑羅樹竟然一夜就成片地變成花白。有一位行者名叫須拔陀，他率領五百力士一起修行，當他感受到天地間的悲泣時，似乎有重大的事情要發生，而且走到街上見路人個個奔相走告：「那位唯一一位掌握了世間真理的智者就要涅槃了。」須拔陀立即帶領五百力士趕去釋迦牟尼佛涅槃之地，向他請示人生中如何獲得解脫生死法藥的問題。

　　佛陀告訴他們：「善來比丘，鬚髮自落，法服著身。」五百力士立即心領神會，解開困惑，得到道果了。

旁邊的人頗為不解，不由得上前問道：「這眾等人因為什麼奇特的因緣，能在佛祖你將涅槃的危急時刻，得到你的渡化，還能這麼快就得成道果了呢？」佛陀微笑地回答：「凡事有果必有因，我早於過去上世為渡化他們，捨生取義，令他們種下今日得渡的因緣。」然後他告訴了他們一個故事——

　　「很久以前，有一王國名叫波羅奈。有一天，梵摩達多國王帶領他的大臣出城狩獵，見到一片枝繁葉茂的樹林，有五百頭鹿在河岸邊無憂無慮地遊戲。鍾愛打獵的國王大喜，號令屬下各持弓箭刀矛，嚴陣以待，圍狩鹿群。此時鹿王瞥見四周人影閃爍，知道有危險降臨，大驚，發出警訊，但是群鹿見河水深不見底，倉皇失措不敢渡河。鹿王為了幫助鹿群脫困，於是張開牠的四足橫跨在河的兩岸，充作橋樑，大聲疾呼：『快呀，踩在我的背上過河！』於是大鹿、小鹿一個接著一個，都從鹿王的背上踩踏而過。鹿王的皮破了、骨折了，痛不可言，但卻咬緊牙關都無怨恨；鹿群幾近全數渡河時，只剩一母鹿帶著小鹿張惶驚恐地落在最後，鹿王以不可思議的堅忍力量等待兩鹿渡河，才筋疲力盡地嚥氣喪命。」

　　說到這裡，佛祖停了下來，問大家：「你們可知道那時的鹿王與鹿群各是何人？」大家都一片默然，佛說：「鹿王就是我的前身，而五百頭鹿則是今日須拔陀等五百力士啊！我在畜生道中都能不惜勞苦以命渡脫眾生，何況今日超出三界，當然不以渡眾生為勞苦之事了。」

　　佛陀進入拘尸那伽羅城後，吩咐阿難在娑羅雙樹間敷座設床，頭在北面向西，並說：「我的教法未來會盛行西方，今夜我將涅槃。」

　　阿難和大家都不捨得佛祖離去，但是大家這樣啼哭也沒用，在佛陀涅槃前請示如何使未來正法久住的問題才重要。經過商量以後，公推阿難請教佛陀四個問題：「佛陀涅槃以後，我們依誰為師？依何安住？遇凶如何調伏？經典結集如何叫人起信？」

佛陀慈祥答道：「這四個問題並不難，你們好好記著：我涅槃以後，應依戒為師；依四念處安住；遇惡應默擯置之；經典要叫人起信，應在一切經首安『如是我聞』之句。以後你們要身常行慈，口常行慈，意常行慈。」佛陀一席話讓聽者大家頗為感動，於是再無困惑。

之後佛陀在娑羅雙樹間將要進入涅槃，左近有五百力士來向他頂禮。佛陀以吉祥臥的姿勢臥在娑羅雙樹之間床上，弟子們圍繞在佛陀的四周，無不揩鼻抹淚。

佛陀心如止水，沒有一絲疲倦，靜靜地向諸弟子做了最後的遺教後，風林寂靜，鳥獸不鳴，百花萎謝，進入了涅槃。

小知識

拘尸那伽位於印度北方邦哥達拉克浦縣凱西以北約 2.5 公里的摩達孔瓦爾鎮，佛教徒尊該地為佛陀涅盤地，是古印度佛教遺址，7 世紀之後逐漸湮沒，直至 18 世紀中期才重新被發掘出來，是印度四大佛教聖地之一。

法門寺
——法阿門獻身護教

法門寺寶塔

在遠古時代，周武王有賢臣宰相姜子牙的輔助，伐紂興周，國家繁榮昌盛，一幅國泰民安的好景象。可惜後來的周王貪圖美色，整日花天酒地，不問國事，百姓們困苦不堪。

當時有個村子叫美陽村，裡面住著個姓法名阿門的窮苦書生，是個自小父母雙亡的可憐孤兒。法阿門頗具正義感，眼見國家民俗敗落、豪強四起、民不聊生，而此時鄰國印度釋迦牟尼創建的佛教教化民眾行善積德、普渡眾生，便被佛教的教義深深吸引住了。他四處向人演釋遊說，又向朝廷上書，建議天子繼承和發揚先祖文王、武王關心天下疾苦的精神，整頓官吏和不良的世風民俗，發展農業；又一面在此地建立「教壇」，著書立說，演化佛教。漸漸地，人們受他宣傳的佛道所感化，民風淳樸、互相尊重、

耕稼習武、懲惡罰盜、講求道德，當地人過著五穀豐登、人心和順、安居樂業的幸福日子。

可是，當朝周天子認為自己是上天安排的真龍天子，法阿門所宣揚的是「異端邪說」，而且教化民眾，簡直是造反，便下旨緝拿法阿門。周天子見到法阿門就兇神惡煞地斥問：「大膽狂徒，施教邪說，蠱惑民心，妄奪皇室，罪該萬死！」

法阿門相信佛教神靈會保佑自己，臨危不懼，當即不慌不忙地拱手誦道：「天皇皇，地皇皇，佛法無邊喜降祥，行善去惡人心暢，國泰民安天下揚！」

周天子看他氣定神閒，又不卑不亢，便喝道：「我砍掉你的雙腿，佛法無邊，看你怎能活動！」一聲令下，左右則將法阿門的雙腿砍掉，血水四濺；法阿門揮手怒斥，又被砍去雙手；他大聲疾呼，又被割掉舌頭；他怒目盼盼，又被剜去雙目；他搖耳抗爭，又被削去雙耳；他挺直軀幹，周天子就下令殺了他。

此事傳到印度釋迦牟尼耳朵裡，此時他正患重病、行將入化，因被法阿門護教傳道、普救生靈的做法所感動，便囑託他的國王阿育王說：「我入化後，汝將吾體斷成四萬八千塊，一塊送往東土周朝法阿門的故居，其餘分送世界各地。」釋迦牟尼入化後，阿育王就遵照釋迦牟尼的遺囑，先將「真佛」遺體淨身，拜七七四十九天，按照印度習俗將遺體火化。

火化時，爆裂出紅、紫、黑三種形如骨指、靈蓋骨、骨片等四萬八千塊圓形聖物，也就是現在所說的舍利，隨即差神鬼於一夜之間遣送於世界各地，其中一節佛指舍利便被送到了法阿門的故居。

佛指舍利送到之夜，突然靈光閃耀，祥雲升騰，在法阿門誦經之壇聳立起一座幾十丈高的寶塔，同時還有廟宇樓舍廳廊聳然林立，處處金光閃閃。塔頂閃現出紅、黃、藍、白、紫五色彩光，塔底洞穴金光耀眼，水銀

池上泛有金船，船上金蓮花叢中置寶匣，匣內珍藏一節佛指舍利。從此，此寺院被視為釋迦牟尼遺體「真身」之地，故稱「真身阿育王寺」，寺院寶塔斯社亦被稱為「大聖真身寶塔」。

　　人們聽聞真佛顯聖，無不來頂禮膜拜，寺院日夜香火不斷，就連周天子聞訊後也派人重修廟宇、塑造佛像。為了紀念法阿門為佛教事業捐軀，人們將阿育王寺尊為皇家禮佛之地，並改名為法門寺。

小知識

　　法門寺位於陝西省寶雞市扶風縣城北 10 公里的法門鎮，始建於東漢末年恆靈年間，距今約有一千七百多年歷史，有「關中塔廟始祖」之稱。法門寺因塔而置寺，原名阿育王寺，隋改稱「成實道場」；唐初改名法門寺。法門寺因安置佛祖釋迦牟尼指骨舍利，為華夏王朝所擁戴而成為中國古代四大佛教聖地之一。

中國	# 普陀山 ──孔子鬥觀音

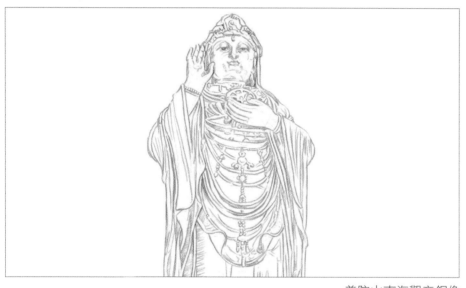

普陀山南海觀音銅像

孔子學富五車，才高八斗，常常周遊列國，到處遊學授徒。

有一年，孔子來到普陀山，聽說這裡是人稱南海活佛觀音的道場，於是就想與觀音研究研究學問。奇怪的是，他剛一有了這個想法，觀音就已經顯靈在他的面前，笑容可掬，要請他到寺內歇息用茶，還說：「孔夫子，聞名不如見面啊！」

兩個人來到禪房坐定之後，觀音就問：「不知道老夫子今日前來有何見教呢？」

孔子微笑著說：「我這次來到貴寶地，能遇見觀音，真是三生有幸。我只是有一事困惑，因此想向菩薩請教，還請不吝賜教。」

觀音說：「不敢，不敢，老夫子有什麼問題請說就是了。」

孔子說：「菩薩您既然是如來佛的得力助手，理應無所不知、無所不曉。但是您的徒弟在唸經時，為什麼會唸了錯字呢？難道菩薩您也是這樣唸的嗎？」

觀音一聽，粉臉漲得通紅，但依然保持優雅的坐姿，不慌不忙地問：「請問是唸哪本經書時唸錯了字呢？」

孔子看觀音一臉的尷尬，高興地說：「別的暫且先不說了，僅僅是佛經的第一句，妳和妳的徒弟們就已經唸錯了。」

觀音想了又想，覺得沒錯，但是孔子還是堅持說他們唸錯了。最後，兩人儒雅的約定：誰錯了，就要被對方彈一記腦門。

孔子滿懷自信的說：「佛經的第一句是『南無阿彌陀佛』，菩薩教徒弟們唸成了『拿摩阿彌陀佛』，這是什麼道理？」

觀音當然知道佛經第一句是「南無阿彌陀佛」，但是中國的佛經都是從印度那裡傳來的，限於最初的翻譯水準，佛經大多是意譯或者按照梵音翻譯的，所以佛經中有很多讀音是採用梵音讀法，與漢字並不一一對應。由於觀音一時沒想到很好的說法，沉默了下來。

孔子見狀，自然更加要抓住漢字讀音與梵文讀音不同這一點，迫使觀音認輸。觀音想被對方彈一記腦門也沒什麼，就接受懲罰了。她原本想老先生是儒雅書生，彈起來不會太痛；但孔子卻毫不客氣，屈起中指和拇指，「啪」的一聲，在觀音的腦門上狠狠彈了一下，觀音雪白嬌嫩的額頭上頓時起了一個小紅包。

觀音哪裡受過這樣的氣，心想：你這個老夫子，居然連憐香惜玉也不懂，我一會兒也給你找個錯，讓你也嚐嚐滋味！於是就說：「老夫子真是個大學問家，專門教人的老師，怎麼也會把字唸錯了呢？」

孔子不慌不忙：「我唸錯何處了？請觀音菩薩指點。」

觀音說：「『出』字是由兩個山字組成，一座山已經很重了，再壓上一座山，豈不是很重嗎？所以，『出』字表示重，你卻唸成『出』；『重』字是由千里兩個字組成，意為遙遠，你卻唸成『重』，這難道還不是唸錯了嗎？」

孔子沒有想到觀音對漢字也有這麼深入的研究，一時語塞，只好低頭認輸。觀音一看報仇的機會來了，笑顏逐開：「老夫子也有讀錯字的時候啊！」於是她學著孔子剛剛的架勢，屈起中指和拇指，比劃了幾下，然後閉上眼睛運氣，準備報剛才那一彈之仇。

孔子一看這架勢，心裡暗叫糟糕：菩薩神通廣大，讓她運足氣力彈一下，我的腦袋又如何受得了？三十六計走為上啊！於是他趁著觀音閉眼運氣的工夫，一溜煙逃跑了。

觀音運足了氣，睜開眼睛準備彈腦門，卻沒有了孔子的影子了，氣得直跺腳⋯⋯

今天我們看到，觀音在很多的時候仍然保持著彈腦門的手勢，到底是蘭花指還是等著還孔子一下，還真不好說。

小知識

普陀山在浙江省舟山市普陀區境內，有三大寺院，以普濟寺、法雨寺和慧濟寺最聞名。1997 年 10 月 30 日落成的南海觀音銅像，已成為舟山宗教朝拜的象徵。普陀山與山西五臺山、四川峨眉山、安徽九華山合稱為中國佛教四大名山。據佛教史籍記載，唐朝大中年間（西元 847 ～ 859 年）一位印度高僧來此參拜，親眼看到觀音菩薩現身說法，並且授以七色寶石，所以稱這裡為「觀音顯聖地」。858 年，日本僧人惠萼（一作慧鍔）從五臺山請得觀音像，回國時途經普陀，幾次欲乘舟東渡，都為海浪所阻，船無法航行。於是，就在普陀山東南角海邊建起「不肯去觀音院」供奉該像。自此，普陀山成為觀音菩薩的道場，開始創建佛寺。

九華山
——地藏王菩薩的故事

九華山地藏禪寺

如果你上過九華山，就會發現九華山所有的寺廟裡都供奉著地藏王菩薩，關於地藏王菩薩也有很多傳奇的故事。

地藏王菩薩以前是個韓國的太子，名字叫金喬覺。他雖然貴為太子，衣食無憂，可是總覺得這樣的生活缺了點什麼，很乏味，於是嚮往佛法的他出家當了和尚，四處雲遊。來到九華山後，覺得這裡山清水秀的很有靈氣，便想在這裡修行。

那時，九華山上住著一個大財主，整座山在他的名下，於是金喬覺便去找財主要一個地方給他修行。財主也是信佛之人，就同意了，問他：「你要多大的地方呀？」金喬覺不假思索地說：「我只要袈裟那麼大的地方。」

財主看看他的袈裟又沒多大，於是就答應了。金喬覺把他的袈裟一揮，竟罩住了整座山頭！財主看傻了眼，但是自己已經答應的話不能反悔，只好把整座九華山都拱手相送，金喬覺從此就在九華山上修行了。後來他還收了很多徒弟，他的兩個舅舅、財主和財主的兒子等，都跟著他一起修行。

金喬覺的兩個舅舅為什麼會拜他為師呢？原來，金喬覺在九華山修行了十年，他的事情也傳到了新羅，王室聽說金喬覺在大唐開設了那麼大一個道場宣講佛法，立即商議請金喬覺回國擔任護國師，在新羅國內宣講佛法，並決定派遣金喬覺的兩個舅舅、也是新羅國內一致公認的最聰明、最有威望的兩位大臣，前往大唐迎請金喬覺回國。

兩位使臣帶著國王的御書登船起程了。臨走的時候，金喬覺的妻子還專門趕來為兩位舅爺送行，並再三囑咐要把金喬覺勸請回國。

沒料到兩位使臣駕船出海不久就碰上狂風暴雨，坐船船帆被撕成碎片，桅杆也折斷了，兩位大臣的錢財也被風浪捲走了。可怕的暴風雨持續了三天三夜，又經過了五天五夜的航行，才抵達了大唐。

到了大唐以後，兩位大臣飢腸轆轆、囊空如洗，只能一路乞討著來到九華山下。抬頭一看：只見整個九華山籠罩在一片雲霧當中，奇峰羅列、靈氣非凡，真是個好地方！再看山道上，幾乎全是絡繹不絕的來自各地的香客。

兩位大臣看到如此熱鬧的場景，心中盤算：這座山鍾靈毓秀，香火又旺，他會捨得回去嗎？看來要請他回去不容易啊！我們雖有國王御書，但這裡畢竟不是我們的國土；雖然我們是他的舅舅，但他已經出家脫俗，各種家規俗禮也不起作用了……兩位大臣心中不停地盤算，越想越感到困難重重。突然，他們想起新羅國有個插簪佔地為先的習俗，於是決定先不找金喬覺，只是偷偷的把刻有新羅國號的金簪插在金喬覺最初修道的南臺上，然後就悄悄地下山了。

第二天一早，兩位大臣來到九華山，金喬覺趕緊出門迎接。甥舅十年不見，分外親熱。金喬覺把自己這些年的情況對他倆說了一遍，又問了王室和家中的情況。兩位大臣見時機已到，從懷中取出御書，雙手捧給金喬覺，然後把王室準備請他回去擔任護國師的事說了一遍。最後還特別提到金喬覺家中的情況：「你的母親自從你離家出走後，萬分思念你，常常一個人哭，眼睛都哭瞎了，整日唸叨你的名字。這些年來，多虧了你的娘子一直在她膝前精心侍奉。在我們登船出海的那一天，你的娘子還專程趕來為我們送行，讓我們無論如何也要請你回家一趟。」

　　金喬覺接過御書一看，非常感動，再聽到兩位舅舅說家裡老母和妻子的情況，更是在黯然傷心。沉思了一會兒，抬起頭來道：「阿彌陀佛，雖然家母曾為我操勞大半輩子，娘子也代我辛勤侍奉雙親，但是，我已為出家之人，不能再過問方外之事了。況且，我現在所從事的一切，也不是為了貪圖個人的安樂，而是為了解救普天之下大眾的疾苦。我絕不能為了一己之私而有損眾生的幸福。再說，宣講佛法是沒有地域界限的，因此，我只能盡職於我的使命，永遠留在九華山修行，不再回新羅故國了。」兩位大臣無可奈何，看九華山山靈水秀，就跟著他一起留下來修行了。

峨眉山 ——佛光的傳說

中國

峨眉山金頂

　　峨眉山金頂佛光美輪美奐，非常奇妙，寓意吉祥，可是它是怎麼來的呢？有這樣一個故事。

　　相傳在東漢永平年間，有一個姓蒲的老漢住在峨眉山的華嚴頂下面，大家不知道他的具體名字，就叫他蒲公。他祖祖輩輩都靠採藥為生，所以一年到頭都孤身一人在峨眉山上採藥，時間長了，自然也就認識了同在峨眉山寶掌峰下寶掌寺裡的寶掌和尚。日久年深，兩人成了無話不談的好友。蒲公採藥累了，常去寶掌和尚廟歇息一下，寶掌和尚有空也會到蒲公家裡聊聊天、暢談古今事。

　　話說有一天，蒲公像往常一樣正在一個名叫雲窩的地方採藥，天空中

由上而下突然傳來了陣陣音樂之聲。他抬頭一看，只見一群人騎著馬，而馬腳踏著五彩祥雲，往金頂方向悠悠飄去。其中有一人看起來最為隆重，他的坐騎既不像鹿又不像馬。蒲公很快定下神來，心想：這些人能在天上駕雲而飛，是不是神仙呢？於是趕緊起身跟著那片祥雲往金頂追去，想看看究竟是誰大駕光臨了。

蒲公追到金頂後，見捨身岩下波譎雲詭、彩光萬道。在一片絢爛的五彩光環中，有一人頭戴束髮紫金冠，身披黃錦袈裟，騎一匹六牙大象，頭上有五彩祥光，腳下是白玉蓮臺。蒲公認不得是哪路神仙，趕忙回來問寶掌和尚。剛到家裡，沒想到寶掌和尚早就在等他，問他：「今天你到哪裡採藥去了？怎麼去了大半天？害我等你等得好苦。」

蒲公連忙把在金頂看到的事告訴了寶掌和尚。寶掌和尚是佛道中人，一聽大喜，忙說：「哎呀！你好大的福氣，竟然見到了普賢菩薩！我早就想見普賢菩薩求祂指引佛法了。走，我們再去一趟！」說完，拉著蒲公向金頂跑去。走到洗象池，寶掌和尚指著池旁邊一片濕象蹄印對蒲公說：「你看，這不就是普賢菩薩騎的白象在這裡洗過澡嗎？」高興得更加快了腳步，不一會兒，就到了金頂。寶掌和尚到捨身岩上往下看，只見岩下一片雲興霞蔚，有一團七色寶光閃閃耀眼。寶掌和尚告訴蒲公：「那七色寶光就是普賢菩薩的化身，叫做佛光。」

這時，蒲公忽然看見光環中又出現了普賢的金身，忙叫寶掌和尚看。可是等寶掌和尚定睛一看，光環中卻只出現了自己的身影。蒲公感到好生奇怪，就問寶掌和尚：「怎麼我能看到普賢金身，你看光環中就只出現你自己的影子呢？」寶掌和尚對他說：「你每天採藥，救人苦難，為大家解除疾病的困苦，感動了菩薩，向你現了金身。我在塵世修的功勞還不如你多，所以自然無法看見菩薩的金身，只能看見菩薩頭上的寶光。」

經過這個故事以後，人們就把能看見佛光當作是吉祥如意的象徵，還給它起取了個好聽的名字，叫「金頂祥光」。

小知識

　　峨眉山位於四川盆地西南，北緯 30 度，因兩山相峙，「如蛾首峨眉，細而長，美而豔」而得名。古往今來，3077 米的金頂一直被人們稱為天堂的階梯。峨眉山是中國四大佛教名山之一，有寺廟約 26 座，重要的有八大寺廟，佛事頻繁。1997 年 2 月，峨眉山被聯合國教科文組織列入《世界自然與文化遺產目錄》。一直以來，峨眉山是人們禮佛朝拜、遊覽觀光、科學考察和休閒療養的勝地，千百年來香火旺盛、遊人不絕。

莫高窟
——樂樽鑿石窟

敦煌莫高窟

在晉廢帝太和元年，有和尚師徒共三人，欲尋西天極樂世界。

那天傍晚，師徒一行人經過敦煌，在茫茫大漠中，疲憊不堪，宿營前，師父請兩徒弟出去化緣。於是徒弟兩人一東一西，各走一方。

向東的和尚大概真的太累了，也顧不得周圍的景色，一步一步艱難走著，只希望自己能夠碰上好運氣，不至於在這片大漠掉了性命。

向西的和尚法名樂樽，雖然他也已經十分疲倦了，可是每走到一處，都會盡量挖掘那裡風景的優點——茫茫大漠上，有一條蜿蜒小溪，溪北戈壁無邊，寸草不生，黃沙迷漫，荒涼淒厲；溪南山脈低矮，白楊成林，綠草茵茵，生機勃勃。

樂樽面對美景，感嘆唏唏，竟然漸漸忘記了疲勞。

就在這時，突然一道金光閃過，覺得有偉大的東西將要降臨，就睜大雙眼，要看個清楚。只見金光出自溪南的山脈，一道道閃出，顏色各異，赤、橙、黃、綠、青、藍、紫，射向天空，一陣又一陣，照得天際奇幻豔麗，雲朵五光十色，大漠頓時瑞氣升騰，照得樂樽滿面彤紅。頓然感悟，一陣狂奔至師父面前，高呼：「找到了！找到了！」師父也沒有多問，面露笑容，輕聲而鄭重地對樂樽說：「既然你找到了，那你就應該好好留下來。」樂樽和尚跪了下來，他發下誓願，要用一生的時間在這裡築窟造像，使它成為真正的佛門聖地。

從此，他到處化緣籌資，請來工匠，在這沙漠上開鑿起石窟來，終於第一個洞窟便在發光山脈面溪的山坡上誕生了。

這裡的人氣也漸漸旺起來。樂樽一心一意化緣建窟，造神供佛，佛洞更是引來無數商賈、僧侶觀摩朝拜，遠近信士紛紛來朝拜勝景，感嘆這浩大的工程。年長月久，新的洞窟也一一挖出來了。上達王公貴族，下至平民百姓，或是獨築，或是合資，把自己信仰和消災祈福的心意，滿滿地向這座陡坡鑿進。從此，這裡永遠聚集著工匠斧鑿的叮噹聲，這片荒涼的沙漠變得人氣鼎盛，靈氣積聚。

每個洞窟都是一個傳奇，凝聚著勞動人民的智慧，從始建到完成，一般需要經過繁瑣的程序，如整修崖面、鑿窟、繪製壁畫塑像、修造並裝飾窟簷或殿堂等等。石窟的營造者大概有三類：窟主（即石窟的主人）、施主（出錢出力幫助窟主建窟的人）、工匠（石窟營造的具體操作者）。而工匠根據其中發揮的具體功能又分為石匠（打窟人）、泥匠、塑匠、畫匠、木匠等。

樂樽之後，築窟之風層層迭起。高峰時，洞窟逾千。後來者認為：樂樽的人品修行高，我們這些所有後來的人，都莫高與彼，於是便將此處命

名為「莫高窟」。

千年之後的今天，仍保有完整的洞窟 492 個，是世界現存規模最宏大、保存最完整的佛教藝術。

小知識

敦煌莫高窟位於甘肅省三危山和鳴沙山的懷抱中，四周佈滿沙丘，492 個洞窟蜂窩似排列在斷崖絕壁上。它始建於十六國的前秦時期，歷經十六國、北朝、隋、唐、五代、西夏、元等歷代的興建，形成巨大的規模，現有洞窟 735 個，壁畫 4.5 萬平方米、泥質彩塑 2415 尊，是世界上現存規模最大、內容最豐富的佛教藝術聖地。1987 年被列為世界文化遺產。

中國

嵩山少林寺
——達摩面壁

嵩山少林寺

　　南朝宋末，達摩泛海來到廣州，至梁時，梁武帝篤信佛教，聞知達摩來，便派人迎接他到建業（今南京），熱情地接待了他。達摩也是慕名而來，但看到民間百姓生活疾苦，官府為建佛寺而強取豪奪、橫徵暴斂，弄得民不聊生，不由得覺得梁武帝所作所為有悖於佛教普渡眾生的宗旨，不由得心生不快。於是兩人沒說兩句話就發現彼此主張有很大的分歧，談話不歡而散，達摩見話不投機，便離開南梁，一葦渡江，來到北魏境內。

　　達摩開始在洛陽傳習禪宗，北魏孝昌年間，來到嵩山少林寺，見五乳峰上有個石洞，高、寬不過３米，長約有２丈。洞門方方正正的，正好向陽敞開，冬暖夏涼，還有清新的空氣不時吹來。洞前還有一塊綠茸茸的小草坪，周圍都是大樹遮蔭，不見天空。

真可謂：「此地無盛夏，空山聽鳥鳴。」於是他就選擇這個天然石洞做為修行之地，請求少林寺每天給他送一頓齋飯，一次飲水就可，其他就不用管了，接著他終日只是面壁，甚至冬天到了，大雪紛飛，寒氣逼人，他也全不在意，繼續端端正正地打坐。

達摩在石洞中，面對石壁，雙手合十，結跏靜坐，不說法，不持律，在「明心見性」上下工夫，在思想深處「苦心練魔」。

達摩坐禪「入定」時，萬籟俱寂，靜若無人，連飛鳥也不知此處有人，竟要在他的肩頭築巢穴。

達摩「開定」時，活動四肢，練習武功，用以健身，以維持他長時間的坐禪。他把武功傳給少林寺眾僧，少林武功名揚四海。

洛陽僧人神光聽說達摩在少林寺，前來拜訪，向達摩求法，剛開始，達摩仍是面壁端坐，竟像看不到他似的，神光並不氣餒，他心中暗自思忖：「古人求道，無不歷盡艱難險阻，忍常人所不能忍。古人尚且如此，我有何德何能？當自勉勵！」

這時是寒冬臘月，天寒地凍，神光仍是站立不動直到夜幕降臨，過了一夜，立雪沒膝，以示求法的決心，達摩這時才開口問道：「你久立雪中，所求何事？」

神光淚流滿面地說：「只願和尚慈悲，為我傳道。」達摩還是恐怕他用心不堅，默默無語，神光明白達摩心思，就取利刃自斷左臂，置於達摩面前。

他的這份堅定的心意感動了達摩，便收他為弟子，改神光為慧可，後他成了禪宗的第二代祖師。少林寺內還有立雪亭是專門紀念此事的。

達摩在洞中面壁十年，精誠所至，以致其影像印入對面的石壁上，人們稱之為「達摩面壁影石」，清乾隆年間，將「達摩面壁影石」開鑿下來，

放在少林寺殿內供人瞻仰至今。

　　萬曆年間，人們在面壁洞外邊建立了一座雙柱單孔的石碑坊，前額刻「默玄處」，後額刻「東來肇跡」。

小知識

　　少林寺位於中國河南省鄭州市登封的嵩山，以禪宗和武術並稱於世。始建於北魏太和十九年（西元495年），由孝文帝元宏為安頓印度僧人跋陀而依山闢基創建，因其座落於少室山密林之中，故名「少林寺」。

　　北魏孝昌三年（西元527年），釋迦牟尼的第二十八代佛徒菩提達摩到達少林寺，首傳禪宗，影響極大，因此被世界佛教統稱為「禪宗祖庭」。唐初，十三棍僧救駕李世民後，少林武術開始聞名天下，少林寺也得到了唐王朝的高度重視，博得了「天下第一名剎」的美譽。

南華寺
——慧能說法

南華寺

　　禪宗五祖弘忍手下有兩名大弟子，一個是神秀，另一個是慧能，當時人們稱為南能北秀。慧能繼承了五祖的衣鉢後，在韶州曹溪南華寺弘揚頓悟法門，不久就聲名鵲起。弘忍圓寂後，神秀在湖北當陽玉泉寺弘揚漸悟成佛的法門。

　　一天，神秀派弟子志誠到曹溪南華寺，臨行前對他說：「你到了那裡，好好聽一聽慧能大師說的是什麼，回來後仔細向我稟報。我要研究慧能的禪法與我的到底有什麼不同，看看他為什麼能得到這麼多信眾。」

　　志誠到了曹溪，正值南華寺召開說法大會，於是就混到眾多信眾裡面聽慧能宣講佛法，一邊用心強記。慧能說法深入淺出、通俗易懂，和神秀

的確實不同。

　　有一個和尚請教慧能關於《法華經》的事，慧能謙虛幽默地說：「我目不識丁，如此厚的經典太讓我為難了。」臺下發出了一陣笑聲。慧能不慌不忙地接著說：「這樣吧！你覺得疑惑的地方先給我唸出來，我再和你慢慢講。」那個和尚把不會的地方誦唸了一遍，慧能聽後說：「這裡講的是事物的因果變化，要想知道解脫之法，先要學會因果規律。佛祖在經書上講了三種解脫方法，其實歸納起來就是一種──頓悟成佛的方法。」

　　又有一位信眾站起來問慧能：「大師，我聽說坐禪入定堅持下來就一定能成佛。請問大師，這是真的還是假的呢？」慧能問：「那我請問你坐禪有幾年了？」信眾撓撓頭說：「我已經坐禪六、七年了。」「那你現在成佛了沒有呢？」慧能又問。「這……」信眾無言以對。看到那個信眾的尷尬模樣，下面又傳來了一陣笑聲。慧能卻沒有笑，而是在大家發出笑聲的時候，口中唸出四句偈言：「生來坐不臥，死來臥不坐，一具臭骨頭，何以文章作？」然後又接著說：「佛是一種智慧，它本來就存在於人性之中。一念清淨時，你便是佛；一念污染時，你便是魔。這與坐禪其實沒有什麼關係。」

　　又有一位和尚站起來問：「請問大師見過佛性了嗎？」慧能讓這個和尚過來站到自己的面前，然後拿起禪杖在和尚身上打了三下，問：「痛還是不痛？」和尚回答：「痛，也不痛。」慧能笑笑，說：「給大家說說，什麼叫痛、也不痛？」和尚摸了摸腦袋，說：「很奇怪的感覺，說不出來。」「那就由我來回答吧！」慧能說，「佛性，我見過，也沒見過，就像你剛剛痛又也不痛一樣，這些感覺只能自己體會。」

　　志誠聽到這裡坐不住了，跳起來說：「慧能大師，我是神秀的弟子。」慧能詼諧地說：「這樣啊！你是故意遠道而來轉投我門下的嗎？」臺下又是一陣大笑。志誠說：「我修行了幾十年，一直沒有開悟，還望大師繼續

予以點撥。」慧能問：「你在玉泉寺的時候，神秀沒有教你如何成佛嗎？」志誠回答：「有，可是我悟性不高，師父說要勤修戒、定、慧三學。不作惡，就是戒；勤坐禪，就是定；常為善，就是慧。這些難道有錯嗎？」

慧能回答：「我的頓悟法門和神秀的漸悟法門不一樣，我的適合大根器人，他的太小器了，只適合小根器人，這就是我們兩人的根本區別。我來告訴你：觀心心無過，就是戒；觀心心無亂，就是定；觀心心無愚，就是慧。我這樣說，你懂了吧？」志誠頓時醒悟。

從此以後，志誠就留在曹溪，成了慧能的弟子，終身追隨慧能。

小知識

南華寺位於廣東省韶關市曲江縣馬壩東南 7 公里的曹溪之畔，始建於南北朝梁武帝天監元年（西元 502 年），距今已近一千五百年的歷史，寺後有桌錫泉（俗稱九龍泉），幾株高達數十米的古老水松，是現在世界上稀有的樹木；寺廟現存大量珍貴文物，為中國重點文物保護單位之一。南華寺是中國佛教名寺之一，是禪宗六祖慧能宏揚「南宗禪法」的發源地，因此也稱六祖道場。

中國

布達拉宮
——松贊干布迎娶文成公主

布達拉宮

西元 7 世紀，藏王松贊干布勤政愛民，使得吐蕃日益強大，但是與正處於繁華盛世的大唐相比，松贊干布覺得自己的國家還要繼續改變落後的現狀。為了引進中原的先進技術，他決定與唐朝建立友好關係，於是向唐朝的文成公主求婚。

求婚使臣祿東贊帶著豐厚的聘禮到了唐朝國都長安，發現唐朝周邊幾個國家波斯、霍爾、格薩和印度的使團也已派出了使臣，向文成公主求婚。

唐朝太宗皇帝一時難下決定，於是讓各國使臣比試智慧，讓最聰明的人迎娶花容月貌又冰雪聰明的文成公主。他出了三道題，必須全部答對的才能被許婚。

第一道題是，花園裡有十根木頭，兩頭一樣粗細，使臣要區分哪頭是根部，哪頭是尾部。很多使臣都大撓其頭，祿東贊不慌不忙，將木頭放入水中，因為樹木根部密度大，所以向水裡傾斜，於是他很輕鬆就解決了第一個問題。

　　唐太宗很快出了第二道題。他拿出一塊玉，玉中間有一個轉了九道彎貫穿整塊玉的細孔，說：「你們要想辦法把細線從孔的這頭穿到那頭。」其他使臣都瞇著眼捏著線往孔裡插線，只有祿東贊與眾不同，他在孔的一頭塗上蜂蜜，找來一隻螞蟻，把細線繫在螞蟻身上，然後把螞蟻放在孔的另一頭。螞蟻聞到蜂蜜的氣味馬上開始往裡爬，不一會兒就穿了過去，於是祿東贊又贏了。

　　唐太宗接著出了第三道題：把一百匹母馬和一百匹馬駒混在一起，要使臣們區分哪匹馬駒是哪匹母馬生的。使臣們有的按顏色分，有的按長相分，但是都事倍功半。祿東贊想了一下，叫人將母馬和馬駒分開關起來，隔了一夜然後把母馬一匹一匹放出來。馬駒經過這麼長時間都餓了，忙跑到自己的母親身下吃奶，不一會兒，全分出來了。

　　唐太宗不得不嘆服祿東贊的智慧，於是讓公主出來。公主身邊帶了很多侍女，唐太宗靈機一動，臨時加考一題，就是讓他找出素未謀面的公主。祿東贊早知道公主的芳香常常能吸引蜜蜂，於是找來一隻蜜蜂，很快解決了問題。唐太宗十分滿意，於是將文成公主許配給松贊干布。文成公主帶著漢族的文明前往西藏，成就了歷史上一段「漢藏聯姻」的佳話。

　　松贊干布聞訊，下令修建有九百九十九間殿堂的宮殿迎娶文成公主，於是在拉薩建成了布達拉宮。宮殿宏偉華麗、雕樑畫棟，有精美的亭子、碧波蕩漾的池塘，各種美麗的花木也栽種好，一切都模仿大唐宮苑的模式，藉以讓文成公主生活得舒服一點，慰藉她的思鄉之情。為了讓文成公主在生活上更習慣、更好溝通，松贊干布還脫下他穿慣了的藏人的皮裘，文成

公主也賢慧地親手為他縫製舒適的絲質唐裝。松贊干布還努力地向文成公主學說漢語，兩個人雖為異族，卻相敬如賓，琴瑟和鳴，開啟他們幸福的生活。

小知識

布達拉宮俗稱「第二普陀山」，立於西藏首府拉薩市區西北的紅山上，是一座規模宏大的宮堡式建築群。始建於西元 7 世紀吐蕃王朝松贊干布時期，是松贊干布為迎娶文成公主而興建的。17 世紀重建後，布達拉宮成為歷代達賴喇嘛的冬宮居所，也是西藏政教合一的統治中心。從五世達賴喇嘛起，重大的宗教、政治儀式均在此舉行，同時又是供奉歷世達賴喇嘛靈塔的地方。1994 年，布達拉宮被列為世界文化遺產。

大昭寺
——封印羅剎女

大昭寺

　　松贊干布迎娶文成公主後，修建了許多宮殿，其中就有大昭寺。而關於大昭寺的由來，也多了幾分浪漫色調。

　　相傳大昭寺最早是一片湖。有一天，松贊干布與尼泊爾嫁來的尺尊公主在此騎馬遊玩，當松贊干布問起建寺之事時，尺尊公主面露難色，因為當時她與文成公主關於建寺地址有分歧。松贊干布也察覺了，於是他摘下尺尊公主手上的一枚戒指，對她說：「這樣吧！我把戒指隨手一扔，它落在哪裡，哪裡就是佛殿的修建處，好嗎？」善解人意的尺尊公主也點頭答應了。

　　孰料戒指恰好落入湖內，松贊干布說到做到，於是浩蕩的建寺工程就

開始了。

　　文成公主也十分欣喜，從長安請來一尊釋迦牟尼等身佛像。可是建寺的過程卻不順利，幾次均遭水淹。

　　文成公主說，整個青藏高原是個仰臥的羅剎女，這個魔女呈人形，頭朝東、腿朝西、仰臥臂，大昭寺所在的湖泊正好是羅剎女的心臟，湖水是她的血液，因此建寺屢屢受挫。

　　羅剎魔女在很多佛書中都被形容為「食人之鬼女」。她們的形象也被描繪得十分猙獰可怖：青面獠牙、血盆大口，一聽就是吃人肉、喝人血的惡鬼。說白了，不鎮伏羅剎女，西藏就沒有安寧的日子。

　　文成公主之後進行了仔細的勘察，她發現，拉薩平地臥塘湖為女魔心血聚集之地，所以大昭寺要建寺成功，首先要把魔女的心臟給鎮住。之後文成公主選擇了十二個邊遠地區，分別在那裡建起小寺院以鎮住魔女的四肢和各個關節。

　　鎮住魔女的四肢和各個關節後，按照文成公主的意思，現在就是最關鍵的一步了。

　　要填平羅剎女的心臟，首先要填湖，否則大昭寺就不能興建。文成公主推算出一定要用山羊才能鎮住魔女，當時就用山羊做運輸工具，耐心地等山羊馱著裝著沙和土的袋子，一點一點地把湖泊給填平，大昭寺終於得以興建。

　　大昭寺建成多年後，大唐的金城公主入藏和親，嫁給了松贊干布的玄孫，那時候才將大、小昭寺供奉的釋迦牟尼像調換了過來，也就是把文成公主帶來的十二歲等身釋迦牟尼像供奉在大昭寺，尺尊公主帶來的八歲釋迦牟尼像供奉在小昭寺，這也許是當時西藏人民藉以表達對大唐敬畏的方

式吧！

　　後來裡面供奉了佛祖的像，四面八方的信徒都開始來這裡朝聖，於是這片惡女之地，就漸漸變得神聖，成為了一篇佛家寶地。

小知識

　　大昭寺位於西藏拉薩市老城區中心，始建於唐貞觀 21 年，距今已有 1350 年的歷史，是西藏重大佛事活動的中心，在藏傳佛教中擁有至高無上的地位。大昭寺是西藏現存最輝煌的吐蕃時期的建築，也是西藏現存最古老的土木結構建築，開創了藏式平川式的寺廟佈局規式。它融合了藏、唐、尼泊爾、印度的建築風格，成為藏式宗教建築的千古典範。2000 年 11 月被批准列入《世界遺產名錄》，列為世界文化遺產。

桑耶寺
——蓮花生建寺

中國

桑耶寺

　　蓮花生大師為了弘揚佛法，決定和寂護大師興建一座剃度僧人出家的寺院，也就是現在的桑耶寺。

　　建築藍圖是寂護大師設計的，蓮花生大師則到處觀察，細選之後將建寺地點定在雅魯藏布江的北岸。於是在西元 762 年，桑耶寺就正式開始動工。

　　據說，這個工程一共有六萬民夫參加。石牆才築到靶板高的時候，民夫們就疲勞不堪了，建築隊伍日漸散漫，效率也大大降低，工程遇上了第一個難題。

　　蓮花生十分頭痛，想到了自己之前降魔伏妖的經歷。妖魔鬼怪不聽話

可以收服，人的惰性出來了就沒那麼好辦了。他左思右想，終於想到了一個好辦法，就是命令那些自己以前馴服的鬼怪來修建寺院。於是，他讓四大天王做領班，讓大梵天和帝釋天二位天王去砌圍牆，男女搭配起來，邊喊號子邊築牆，工作就不累了。

寺院才建到一半，又遇上了一個大問題，也是最為棘手的一個問題——吐蕃的國庫沒錢了，藏王赤松德贊一籌莫展。蓮花生大師眼看工程已經完成一半，若因為錢的問題擱淺就太可惜了，於是在湖畔支起帳篷，面對大湖修練起密法來。

頭兩天一點動靜都沒有，大夥都以為沒辦法了；直到第三天早晨，有位龍女從湖心飛出來，見蓮花生坐在湖邊似乎有大心事，就過去一探究竟。蓮花生大師十分聰明，他說：「美麗的龍女，人間的藏王赤松德贊要和龍王交朋友。藏王的寺院還沒有建成，如果龍王能夠資助一些財寶就好了。」龍女就帶走了蓮花生大師的口信。第二天早晨，龍王躍出水面，直接往湖岸推來一大堆金砂，眾人無不歡呼雀躍。

五年過去了，桑耶寺終於在民夫和眾神靈鬼怪的努力下建成了。

寺建成後，需要請兩位鎮儡諸神的護法神，在商量人選時，蓮花生大師說：「藏王陛下，在你以後的若干代，魔鬼化身又將出現，霍爾國王會一氣吞併整個吐蕃，如果請來白哈爾這個非人的木鳥鬼和載烏瑪保神鷹，可保桑耶寺無恙。」藏王和寂護大師同意了他的建議。

蓮花生大師在白哈爾神殿設置了拜神之物，即一隻白色動物和一根竹竿，竹竿上纏著尾巴和彩緞，經過施行巫術，蓮花生大師順利地制伏了白哈爾神。接著大師又如法炮製，制伏了載烏瑪保神魔，使二神前後成為桑耶寺的保護神。

經過一番波折，桑耶寺完美建好了，護法神也請到了。蓮花生大師就在桑耶寺舉行了盛大的開光典禮。典禮一連幾天，幾乎全體吐蕃居民都來

參加，人群熙熙攘攘的擠滿了桑耶寺的四周。開光加持後，大殿裡的諸佛像竟然在寺外顯身，桑耶寺的院內還神奇地長出了蓮花。

經過蓮花生大師的一番努力，西藏佛教開始稍具規模了。

小知識

桑耶寺位於西藏山南地區札囊縣雅魯藏布江北岸，是西元 8 世紀下半葉根據古印度摩揭陀地方的歐耳達菩提寺的模式建造。據史料記載，桑耶寺是西藏歷史上最早的佛、法、僧俱全的寺院。桑耶寺建築規模宏大，總面積 2.5 萬平方米，佈局奇特。全寺建築按照佛經中的大千世界佈局，由中心殿、四大洲、八小洲、太陽殿、月亮殿，紅、白、黑、綠四塔及附屬建築組成，具有漢藏印早期建築風格，素有「西藏第一座寺廟」美稱。

婆羅浮屠聖地

印尼

——掩埋在火山下的輝煌

婆羅浮屠

　　西元 783 年，有一位信佛的國王，他最鍾愛的小王子因為地震不幸死亡。萬分悲痛之下，他求見了當時最有名的白鬚神僧，懇請神僧告訴他讓小王子復活的方法。

　　神僧經過演算法告訴他，即使救活了他的兒子，這個國家的人民也將在不久後死於另一場大地震中。

　　一邊是他最鍾愛的小王子，一邊是愛戴他的人民，善良的國王最終決定放棄挽救兒子的機會，而祈求不讓他的人民死去。於是他請求神僧拯救他的人民。

　　神僧說地震是因為火龍作怪，只有將佛祖的喉舍利安置在火龍的喉結

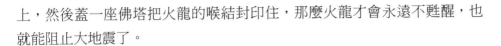

上，然後蓋一座佛塔把火龍的喉結封印住，那麼火龍才會永遠不甦醒，也就能阻止大地震了。

國王遵從白鬚神僧的吩咐，舉國上下傾巢而出，動用了十萬名工匠，歷時數十年，終於建造了舉世聞名的婆羅浮屠。婆羅浮屠全部由大石塊建成，石塊上精美的浮雕描寫了佛的史蹟，反映了古代印尼勞動人民高度的藝術創造力。

婆羅浮屠聖地成了當地最繁華的地方。然而，這個令舉世震驚的神奇建築也曾一度被湮沒。

15 世紀後，爪哇佛教逐漸衰微，另一宗教的勢力卻大增。

由於這兩種宗教的教義不同，還時常有爭戰事件發生。當時的佛教僧侶和信徒們害怕他人破壞「婆羅浮屠」這一曠世之寶，在城中各處貼出告示尋求高人出計策。然而，過了九天九夜，沒有一人敢揭榜。「這是上天的意旨！我們無法違抗。」城中的人們慨嘆著，為這個國家的明珠未來的命運而惋惜。

大家去請教大廟中最具名望的法師，老法師架起祭壇，作法掐算天意。這時，遠方有一顆閃亮的流星劃過夜空，倏然墜落。他看到這樣的凶兆，只好無可奈何地嘆口氣，說道：「天意不可違啊！」搖了搖頭，飄然而逝。

果然沒多久，就在流星墜落的方向天崩地裂，一口火山突然噴發，紅熱的岩漿緩緩地蔓延過來……終於，厚厚的火山灰把這座婆羅浮屠完全掩埋。倖存的人們雖然頗感惋惜，卻仍感欣慰，因為這寶塔終於不會遭到洗劫了，這何嘗不是另一種拯救婆羅浮屠的辦法。

火山爆發後，周圍的居民都奔逃到別處生活了，婆羅浮屠聖地就這樣被人民遺忘了。

沉寂在地底下 400 年以後，直到 19 世紀初，荷蘭人開始清理這座宏偉

的佛塔的時候，婆羅浮屠才得以重見天日。

　　人們對它進行了修復工作，它的宏偉瑰麗震驚了世人，如今被譽為「古代東方的四大奇蹟」。現在它不再為人們參拜，而是成了觀光盛地，令世人驚嘆它無與倫比的藝術價值。

<table>
<tr><td>中國</td><td># 五臺山
──文殊菩薩顯靈</td></tr>
</table>

五臺山

　　北宋年間，有一位和尚叫文喜，他從小出家當沙彌，三十歲就開始參禪了，可是還是有些問題不懂，無法開悟。為了找個好的師父指引迷津，文喜和尚從南方出發，三步一拜，往佛教聖地五臺山拜謁。

　　文喜在途中經過一座寺院，在寺院的門前迎面遇到一位牽牛的老翁。老翁雖然其貌不揚，但是顯得慈眉善目、和藹可親，身邊還跟著一個小書僮，好像很有靈氣。老翁得知文喜到五臺山的來意後，就把他請到寺裡。文喜隨老翁進入寺內廂房，坐下就攀談起來。

　　老翁問：「今南方如何維持佛法？如何弘揚佛法？僧人能否奉持戒律？」

文喜答：「今昔異哉！雖佛寺廣佈，規模頗大，其納僧人三百者有之，五百亦有之。然則，奉持戒律者日日少矣，常使我扼腕長嘆！」

老翁倒是不以為然：「僧人之中，修行深者道行高，修行淺者道行低，於是龍蛇混雜、凡聖同居亦不為怪。」

文喜問：「你所言之龍蛇混雜、凡聖同居，在僧人隊伍中比例如何？」

老翁回答說：「前三三，後三三。」

文喜聽後，有點丈二和尚摸不著頭腦，「前三三，後三三」是什麼意思？正想問個清楚，老翁卻叫書僮端茶請他飲用。

不多時，天色已晚，文喜請求在寺裡住一晚。老翁說：「你還不能超脫於塵世之外，所以不便在此留宿。」

文喜很不服氣：「我七歲出家，至今學法已逾數十年，怎麼還不能超脫於塵世之外呢？」

老翁問：「那你受戒了嗎？」

文喜答：「我早已受戒！」

老翁說：「你若無執著之心，又何必受戒？」

文喜一時想不出更好的說法，只好告辭。

老翁就讓書僮把文喜送出寺，來到寺門外的時候，文喜問書僮：「這裡是什麼地方？」書僮答道：「金剛窟般若寺。」剛說完，書僮和寺院就已經消失不見了。

文喜此時才猛然醒悟：老翁就是文殊菩薩現身變化來點化他的。可嘆文喜與菩薩當面對談而不知，真是後悔莫及。

　　突然，空中傳來陣陣梵樂，文喜抬頭一看，空中一片五彩祥雲輕輕飄舞，托著騎在金獅上的文殊菩薩。文喜連忙跪下，連連叩頭。但是等他一抬頭，就又什麼都看不到了。

　　文喜和尚痛哭流涕一番，也沒有法子。這次拜見失意後，他也不亂想了，收心養性，在山上潛心修禪。受過文殊菩薩一番指點的他不久就明心見性，大徹大悟。

　　文喜悟道後，下山到叢林中的禪院裡擔任做飯的大師傅。他每天都會煮一千多人的飯菜，僅那炒菜的鐵鏟，平常人也拿不起來，文喜卻有這樣的力氣，就這樣一直為僧人做飯，一做就做了三年。

　　有一次，文喜像往常一樣將米飯蓋上鍋蓋，上火蒸飯。突然看到文殊菩薩騎著獅子又出現了，在飯鍋上轉圈。文喜見到文殊，也不喜也不頂禮膜拜，直接拿起大鍋鏟就打了去，說：「文殊是文殊，文喜是文喜，祢跑到這裡來做什麼？」

　　文殊只得騎著獅子飛到半空中，毫無芥蒂，還笑著說：「苦瓜連根苦，甜瓜做蒂甜。修行三大劫，反被老僧嫌。」看到文喜真得了道，完全不住相了，就高興地讚揚了他。

小知識

　　五臺山位於山西省的東北部，屬太行山系的北端，跨忻州地區的五臺縣、繁峙縣、代縣、原平縣、定襄縣，周五百餘里。五臺山與四川峨眉山、安徽九華山、浙江普陀山共稱「中國佛教四大名山」，是中國佛教及旅遊勝地，列中國十大避暑名山之首。2009 年被聯合國教科文組織以文化景觀列入世界遺產名錄，與尼泊爾藍毗尼花園、印度鹿野苑、菩提伽耶、拘尸那伽並稱為世界五大佛教聖地。

塔爾寺
——大師宗喀巴

塔爾寺

　　藏傳佛教發展到西元 14 世紀中葉，西藏文明到達了前所未有的高峰，而這不得不提到發揮起重要作用的傳奇人物——宗喀巴大師。

　　宗喀巴原籍青海，他出生的地方叫宗喀，距西寧大約 50 里，那裡山林茂密，山下水草豐盛，牛羊肥壯。以牧為生的牧民們順著不同季節依水草而居，以季節而遷。傳說在宗喀巴大師誕生的地方長出了一棵菩提樹，香薩阿切按大師用這棵菩提樹做為胎藏，修建了一座石塔，後來又在石塔外面修建了金銀材質的菩提塔，之後又圍繞菩提塔修建了一座寺廟，從此菩提塔從露天搬到了寺內。有人說這菩提樹活了六百多年，樹根從地下延伸到寺院的門前，使得塔爾寺平添了一種神聖。

宗喀巴的父親叫達惹喀伽爐嘣格，為人有勇有謀又謙和有禮，智慧過人，小時候的宗喀巴十分崇拜他。宗喀巴的母親是蘇爾吉的人，生了六個孩子，宗喀巴排行第四。宗喀巴出生時，因無人接生，就從部落裡請了一位接生員，在眾人的守護下出生。

宗喀巴大師幼年就出家為僧，先後在平安夏宗寺和化隆夏瓊寺習經修法。在夏瓊寺從師法王端智取仁欽修學佛法到十六歲後，師父已把該教的都教完了。在上師的鼓勵和家庭的支持下，他赴西藏繼續學習佛法，一下子又過了六年。

他的母親香薩阿曲日夜思念遠在西藏學習佛法的愛子，每天背水時在一塊黛青色的磐石上小憩，然後對著兒子的方向翹首西望，默默為兒子祈禱祝福平安。一天，極其思念兒子的她希望兒子能回一趟家，便從自己頭上剪下一縷白髮，寫了一封家信，將白髮裝入信中託人捎給兒子，信中說：「母年事已高，且身體欠佳，十分思念你，盼兒務必回家見母一面」，並說：「在你出生地長出一棵菩提樹，異常喜人。」

宗喀巴大師何嘗不想念年邁的母親和遙遠的故鄉，收到慈母的信和白髮後，更是一度想回家探視。他思量再三，考慮到自己才二十二歲，佛法尚未學成，一走將會半途而廢，就打消了回安多故鄉之念。他用自己的鼻血調和顏料精心畫了一幅自畫像，一幅獅子吼佛和一幅勝樂金剛中的如來藏佛，把自己的思念都寄託在這幅畫像上。在信中，他說：「六時精進，佛事繁忙，無暇返里，母親若能在我出生的地點用那棵菩提樹和十萬獅子吼佛像做胎藏修建一座佛塔，就如見兒回來一樣，並且對那裡佛教的興盛大有饒益。」將畫卷和家信交給一位叫傑溫・箚巴堅贊的僧人，請他轉給他的母親。

傑溫・箚巴堅贊來到蓮花山，將信和畫像交給香薩阿曲。她急忙展開畫像，見兒子的像真切的立在面前，不禁悲喜交加、熱淚盈眶。這時，畫

中的宗喀巴大師突然開口，親切的叫了聲「阿媽」，就再也不作聲了。香薩阿曲雖沒能親見兒子，卻也了卻一片思子之情。

次年，按兒子在書信中所說，與當地頭人和信民共同商議後，決定建塔。用帶回的佛像陰模翻製獅子吼佛像十萬尊，置樹四周，並用黃綢把樹包圍起來，做為塔的中心，四周堆砌石板，建成一座聚蓮塔，以紀念大師誕生。聚蓮塔是依據佛祖釋迦牟尼誕生後向四面各行走七步、每步開一朵蓮花的傳說而建，這是塔爾寺第一座珍貴的寶塔，也是最早的建築物。

宗喀巴大師自創立格魯派後，藏傳佛教在西藏的影響滲透到了各個方面，把西藏文明推向了高峰。

小知識

　　塔爾寺位於青海省西寧市西南 25 公里處的湟中縣城魯沙爾鎮，又名塔兒寺，得名於大金瓦寺內為紀念黃教創始人宗喀巴而建的大銀塔，藏語稱為「袞本賢巴林」，意思是「十萬獅子吼佛像的彌勒寺」，是中國藏傳佛教格魯派（黃教）六大寺院之一，也是青海省首屈一指的名勝古蹟和中國重點文物保護單位。由於塔爾寺是宗喀巴大師的誕生地，因此成為信徒們嚮往的聖地。歷史上，第三、四、五、七、十三、十四世達賴喇嘛和六、九、十世班禪大師均在這裡駐過。同時，它也受到歷代中央王朝的高度重視。

高野山

日本

——弘法大師的足跡

高野山

　　日本佛教始祖的弘法大師空海於西元 774 年出生於四國的贊岐國多度郡，十五歲隨舅父上京，學習《論語》、《孝經》等儒學經典。十八歲入京都大學明經科，學習中國古典文學。他愛好佛教，西元 795 年在奈良東大寺受俱足戒。

　　弘法大師學習佛法常求精要，每讀一部經都字斟句酌，如心內有疑便寢食難安。長此以往，疑問多多又無處諮詢，唯有望佛祖慈悲以示不二法門。因為心誠，佛祖便進入弘法大師的夢中，告訴他有部經典名《大毗盧舍那經》，在日本國高市郡久米道場東塔下。讀了這部經書，你所有的疑問就都迎刃而解了。於是弘法大師前往佛祖指示的地方尋得該經，一晚上就全部通讀一遍，合上書的時候唸一聲「阿彌陀佛」，便隨喜了悟，心明

眼亮了。

為了進一步精進佛法，西元 804 年弘法大師做為自費留學僧與遣唐使入唐求法。船行途中遭遇風暴，其餘兩艘船都下落不明，只有弘法大師所乘之船順著海浪漂到了福建赤岸鎮。弘法大師一行好不容易上得岸來逃過一劫，卻馬上被福建官府誤以為是海盜抓進獄中。弘法大師在獄中要來紙筆，寫了一首文采飛揚的漢賦交給官府。

弘法大師素有日本王羲之之稱，又稱「五筆和尚」，當地官員被他工整秀麗的字跡和蜚然文采折服，於是快馬加鞭奏報長安。不久，弘法大師即獲准進京面聖。

來到中國以後，弘法大師遍訪各地高僧，在長安古龍寺拜國師阿闍黎惠果和尚為師，受密宗嫡傳，接受了「遍照金剛」的密號，成為正統密教第八代傳人。阿闍黎惠果對空海和尚說：「吾幼年時，初見不空三藏，不空三藏一見我之後，愛憐如子，引入內廷道場，從此形影不離。不空三藏曾對我說，你是密法根器，要努力學習。我欲報天竺祖師傳法之恩，可惜今時今日此地再與密法無緣，不能久住。你就此將兩部大曼陀羅一百餘部金剛乘法，及不空三藏傳下的法物和供養器具等，請歸東瀛流傳海外。本來我恐怕自己的使命完成不了，現在你來了，我就死而無憾了。你合該速速回國，傳法東瀛，流佈密法於天下，增蒼生福。」惠果和尚教誨完畢，了卻了數十年的心願，手結毗盧舍那法印入滅。

西元 807 年弘法大師回歸東瀛。因為違反自費僧必須學滿 20 年的規定，未被允許進京，直到西元 816 年才取得高野山封地。自此，弘法大師建立高野山金剛峰寺真言宗根本道場。弘法大師四十二歲時為了消解世人的災厄而遍遊四國各地佈法，並開創了 88 處寺院靈場。

而後，弘法大師的弟子和修行中的僧人也紛紛來到四國，踏上弘法大師的足跡、體悟佛法。這種傳統被稱為「四國巡禮」，是日本最知名的佛

教朝聖之旅。相傳全程走完這條長達 1200 公里的修行的道路後，除了能在旅程中再次檢視自我，更能消除俗世的煩惱，甚至達成長年的宿願。

弘法大師於西元 835 年 3 月 21 日圓寂，其肉身至今保存在高野山奧之院空海廟下石室中。西元 921 年醍醐天皇追賜「弘法大師」諡號。

小知識

高野山及其周圍群山位於和歌山縣伊都郡高野町，因為形如蓮花，同時也被稱為「八葉之峰」。分有內八葉，即傳法院山、持明院山、中門前山、藥師院山、禦社山、神應丘、獅子丘、勝蓮華院山，還有以今來峰、寶珠峰、缽伏山、弁天岳、姑射山、轉軸山、楊柳山、摩尼山相互環繞的外八峰。這樣的地形如蓮花的花開花落，就是一個天然的佛教道場。弘法大師空海在西元 816 年在高野山開創真言密教，高野山不只是一座山，也是真言密宗總本山「金剛峰寺」的山號。

法隆寺

——虔心向佛的聖德太子

法隆寺

西元 574 年，用明天皇的第二個皇子出生，他就是日本歷史上最著名的政治家——聖德太子。直到如今，他仍然被尊為日本的佛法之皇。

關於聖德太子的出生有很多傳說。據說他的母親間人皇后因為一個金身小和尚跳入口中而懷孕，當她走在馬廄旁時生下了聖德太子，所以聖德太子又被稱為「廄戶皇子」。聖德太子出生時，散發出濃郁的香味，全身發出閃耀的白光。

聖德太子自幼佛緣深厚、虔誠好學。他剛滿週歲時，就面向東方，雙手合掌唸誦「南無阿彌陀佛」，七歲時已經通讀了幾百卷經書。據說朝鮮高僧惠慈曾經在日本停留過一段時間，聖德太子跑到伊予溫泉去向他請教

佛教經典，他提出的很多問題連惠慈也解答不了。聖德太子只好自己思考。有時候，他思之不解的問題會在夢中忽然想通。他把自己夢中的領悟說給老師惠慈聽，連惠慈也覺得他的理解非常深刻。

每年 1 月 1 日至 3 日在法隆寺的東院舍利殿都會舉行「舍利講」，這個法會也是為紀念聖德太子而舉行的。據說在聖德太子兩歲時，一天，聖德太子一邊口誦「南無佛」一邊向東行走，突然一顆舍利從聖德太子的手中滑落下來。後人將這顆舍利視為釋迦佛左眼舍利，並且直到現在還將這顆舍利保存在法隆寺中受人們敬拜。

一次聖德太子外出遊玩，看見路邊躺著一個衣不蔽體的乞丐，太子叫人給他拿來飯菜，給他披上自己的衣服。可是第二天太子再去看他的時候，他卻已經死在了路旁。太子十分傷心，吩咐人把他好生安葬了。過了幾天，太子突然對人們說，那個流浪漢不是一般的人，一定是神仙。人們把乞丐的墳墓打開一看，果然只有一套疊好的衣服，沒有屍體。太子拿回自己的衣服，照常穿著。人們覺得只有聖人才可能知道神仙的事，於是有了聖德太子這個稱號。

聖德太子生活的時代，日本朝廷內部分為物部氏和蘇我氏兩大集團。蘇我氏主張接受佛教，用以統一日本的信仰。崇尚佛法的聖德太子站在了蘇我氏這邊。聖德太子實行了一系列改革。制訂了十七條憲法，借鑑中國儒家、法家、道家等諸子百家經典和佛教思想，規定了國民應該遵循的基本準則。特別是教導人民篤信三寶，廣興佛寺，建造七所寺院，即四天王寺、法隆寺、中宮寺、橘寺、蜂岳寺、池後寺、葛木寺。其中以四天王寺、法隆寺最著名，前者以守護佛國的四天王為本尊，後者為紀念用明天皇而興建。

西元 623 年，聖德太子因病逝世，他的死讓整個日本籠罩在悲痛的氣氛中。據史書記載，當人們得知聖德太子的死訊時，哭泣的聲音傳遍了街

市。太陽和月亮也失去了光輝，天和地好像都崩塌了！法隆寺每 50 年舉行一次的「聖靈會」，就是在農曆二月二十三日，即聖德太子的忌日。這是日本佛界最為隆重的法會活動，是人們為了緬懷聖德天子而舉行的。

小知識

　　法隆寺，又稱斑鳩寺，位於日本奈良生駒郡斑鳩町，是聖德太子於飛鳥時代建造的南都七大寺中的一寺，是佛教傳入日本時修建的最早的一批寺院之一。據傳始建於西元 607 年，但是已無從考證。法隆寺佔地面積約 187000 平方米，分為東、西兩院，西院保存了金堂、五重塔；東院建有夢殿等。西元 1993 年法隆寺和法起寺同以「法隆寺地區佛教建造物」之名義列為世界文化遺產。法隆寺西元 1950 年從法相宗獨立，現在是聖德宗的本山。

唐招提寺
——鑒真東渡傳法

唐招提寺

西元 742 年，正是中國的盛唐時期。就在這一年，日本留學僧榮睿、普照隨遣唐使入唐，在揚州大明寺學習佛法。當時日本還沒有真正意義上的佛教，日本的僧人不能按照律儀受戒，戒律還不完備。他們被中國博大精深的佛法深深震撼，於是想請一位高僧東渡日本傳法，為日本僧眾授戒。大明寺眾高僧無一敢應，只有鑒真站出來說：「只要是為了弘揚佛法，絕不惜命。」

當年冬天，鑒真便和弟子一共 21 人來到揚州附近的東河既濟寺造船，為東渡做準備。地方官揚州倉曹也給予援助和方便。可是有一天，鑒真的弟子道航無意中嘲諷了師弟如海幾句，說他佛法不精可以不去。不料如海惱羞成怒，向官府控告鑒真與日本海盜勾結是想攻打揚州。淮南採訪使班

景倩聞海盜即喪膽，馬上派人囚禁了一干僧眾。日本僧人也被勒令回國，第一次東渡到此失敗。

西元 744 年初，鑒真一行一百多人再次東渡，離岸不久就遇到大風大浪，險些沉船。船修好後又遇到風暴，只好作罷。鑒真受邀巡迴講法，名聲大噪。

越州僧人為挽留鑒真，誣告日本僧人潛藏中國，目的就是誘惑鑒真去日本。官府將榮睿捉拿成了階下囚，靠途中裝病詐死才保住一條性命。

第四次東渡因為鑒真的弟子靈佑害怕師父再次遇到海難，苦求官府阻攔，同樣沒有成行。第五次東渡歷經數月準備，仍遇強風暴，船好不容易上岸，結果上了岸才發現到的是現在的海南島，於是返回廣州。在廣州講法途中忽患眼疾，雙目失明。眾弟子都勸師父不要再想東渡的事了，但是鑒真卻發下重誓：「不至日本國，死不瞑目。」

西元 753 年，鑒真已經年近古稀。日本遣唐使藤原清河、吉備真備、晁衡等人來到揚州，再次懇請鑒真東渡傳法。

當時唐玄宗崇道抑佛，不准鑒真東渡。鑒真一行只得秘密乘船至蘇州再轉搭遣唐使大船。經過一月有餘，終於抵達日本薩摩。鑒真六次東渡，歷經磨難，終於成功。

鑒真抵達日本後，受到聖武太上皇和孝謙天皇的隆重接待。西元 754 年鑒真一行來到奈良，做為律宗高僧擔負起規範日本僧眾的責任，統領日本佛教事務，封號「傳燈大法師」，被日本人親切地稱為「唐大和尚」。然而，西元 758 年，孝謙天皇失勢，被迫傳位給淳仁天皇。鑒真也遭到解職，只賜了一座舊宅。

次年，鑒真與弟子在宅邸修了一座廟宇，就叫「唐招提寺」。淳仁天皇規定日本僧人在受戒之前必須前往唐招提寺學習。這樣一來，唐招提寺

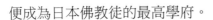

便成為日本佛教徒的最高學府。

　　西元 763 年 5 月 6 日，鑒真在唐招提寺圓寂，弟子為其立夾膜影，傳世至今，就是現在的鑒真坐像。時至今日，鑒真仍被公認為是日本佛教律宗的開山祖師，享有「天平之甍」的稱呼。他不畏艱險，東渡日本，為傳播佛教與盛唐文化做出了巨大的貢獻。

小知識

　　唐招提寺位於日本奈良市西京五條街，是一組具有中國盛唐建築風格的建築物。這座寺院是中國唐朝高僧鑒真於西元 759 年建成，被世人稱為是佛教律宗的總寺院。整座寺院由金堂、講堂、經藏、寶藏以及禮堂、鼓樓等建築物構成。金堂供奉著鑒真的坐像，高二尺七寸，容貌肅穆，表現了鑒真圓寂時的姿態。此坐像已被定為日本國寶，每年只開放三天供人瞻仰。

曹溪寺
——元曉大師的頓悟

曹溪寺

　　西元 650 年，新羅高僧元曉與義湘為了向唐玄奘學習《新唯識》，不幸在前往唐朝的路上被當成間諜抓了起來。西元 661 年，兩人又起程前往唐朝，到達項城時已是晚上，又突逢大雨，幸好前面有一個山洞，兩人便進去躲雨。

　　山洞中漆黑一片，兩人找了塊乾爽地面就地歇息了。半夜元曉覺得口渴難耐，便起來找盛水的東西，走了兩步突然被絆了一跤，他意外摸到身旁有一罐子水，於是馬上端起來喝掉了。他想可能是滴下來的雨水，於是覺得這罐水香甜可口，他謝過菩薩後繼續睡覺。第二天早上醒來一看，他才發現昨晚他找到的盛水的罐子不是普通的罐子，而是一個頭骨，他喝的不是雨水，而是這頭骨中積聚的污水。這麼一想，五臟六腑都翻騰起來，

跑到洞外大吐起來。但是等他平靜下來時，他卻從這件事悟到一句真言，菩薩說：「心生則種法生，心滅則骷髏不二。」這句話是說一切唯心造。他意識到自己根本不需要去遙遠的中國學習佛法，於是當日便與義湘分手，回到新羅潛心修佛。

有一次，元曉在行路途中偶遇一位大安禪師，兩人相談甚歡，便同路而行。這位大安禪師是布袋和尚，靠乞食為生。他本來無名無姓，因為總是對佈施的人祝福大安，於是就成了他的名號。大安禪師邀請元曉去他住的山洞歇腳，元曉走進山洞一看，發現山洞裡竟然養了好幾隻狗。大安禪師說，這是附近的野狗，他把牠們帶回來，用化緣得到的食物來餵牠們。這時，一隻小狗突然倒在了地上。大安禪師對元曉說：「你幫我守著，這隻小狗快餓死了，我得趕緊去討些奶來給牠喝。」大安禪師說完急匆匆地出去了。可是沒過多久小狗就死了，元曉十分傷心，只好唸經超渡小狗。

元曉撿了樹葉放在小狗身上，自己坐在一旁開始為小狗唸經超渡。大安禪師討來了奶，看見元曉正襟危坐地為小狗超渡，就對他說：「你唸這麼深的經給一隻小狗聽，牠怎麼聽得懂呢？」說著，大安禪師把討來的奶放在小狗嘴邊，對牠說：「你好好吃吧！希望下輩子投個好胎，天天都能吃飽。」元曉聽了如醍醐灌頂一般，突然了悟到如果有一顆眾生為懷的慈悲心，他說的話必然會震撼法界，不管他是以什麼形式說法。

從此，元曉大師對妓女說妓女的法，對乞丐說乞丐的法。元曉大師時常對偏執於來生解脫的人說：「今生的問題都不能解決，擔憂什麼來世？燈火不明，周遭必然黑暗，追求來世的修行而放棄今生的智慧，就像不點燈而去找光明的地方。」他也反對神通，他說：「要飄落的花瓣，連一天也不能等待。」而那些號稱有神通的人，連一瓣花的落下都無能為力，何況是面對人生的無常呢？

元曉大師四十五歲與瑤石公主生有一子，46 歲以「破戒」做為打破

佛法與貴族與平民之間的界線，建立庶民救濟理論，走向民間力行「菩薩道」。元曉大師此番作為震撼了整個朝鮮半島，使得幾乎每家每戶都有唸經誦佛之聲。元曉大師六十九歲時圓寂，留下的著作多達 81 冊。是高麗海東宗的祖師，也是韓國佛教史上的一位奇才。

小知識

　　曹溪寺位於首爾市區景福宮附近，交通便利，每天都會有幾百名外國遊客來此觀光禮佛。曹溪寺修建於西元 1938 年，是韓國禪宗的中心。曹溪寺氣勢雄偉，大雄寶殿前有 7 層石塔，裡面收藏了佛祖的真身舍利。殿內不僅能看到釋伽牟尼像和虔誠作揖的信徒們，還能看到年逾百年的參天古樹，是一個文化氣息濃郁的好去處。

佛國寺與石窟庵
──孝子金大城

南韓

佛國寺

　　西元 751 年，即新羅景德王十年，有個權傾朝野的宰相叫金大城。有一次，金大城在慶州吐含山狩獵，獵殺了一隻熊，心底甚是歡喜。不料，接下去幾天晚上是噩夢連連，有時候任憑家人怎麼推叫都醒不過來，每天早上起來都心力交瘁。不過三、五天的時間，就瘦了好幾公斤。

　　金大城向寺中法師求助，法師問：「宰相近來可有殺生？」宰相一想，前幾天剛好獵殺了一隻熊。法師告訴金大城，這隻熊不是一般的熊，是一隻修練了五百年的熊精。本來人是傷不了牠的，但是那天恰逢北斗七星與獵戶星相沖，是牠最弱的時候。合當牠命裡就逃不過這個劫。但是牠性本乖戾，不服一死，所以化做厲鬼來找你報仇來了。普通的超渡恐怕難以降服，除非建一座寺超渡牠，不然永世不得安寧。金大城聽了馬上捐資建了一座寺廟，又請法師唸足七七四十九天的往生咒，這才放下一顆心來。

超渡了熊精以後，果然一夜無夢安睡到天亮。可是有一天晚上，金大城卻做了一個更奇怪的夢。他夢見來到一處五光十色的境地。這個地方以鮮花鋪地，白玉做池，金沙築屋，各色的琉璃寶石把天空都照亮了。再看那池中的蓮花，每一朵都有車輪那麼大，發出白、赤、青、黃不同的光。天空中時而有孔雀和鳳凰飛過，空中始終飄盪著似有似無的梵音，聽了以後通體舒暢如醍醐灌頂。

　　第二天醒來後，他把夢中景象說給法師，法師大驚。原來這一夜他竟神遊了一趟佛國淨土。傳說到佛國一遊能多五百年陽壽，只有與佛有緣的人才可能有這種際遇，是無上的榮耀與福德。金大城一聽不喜反悲，他是個出了名的孝子。這一下想到他五百歲的時候，他的雙親卻早已作古，一念之下，悲從中來。法師念其孝心，便答應幫助他為他的雙親建造一座寺廟。金大城以佛國淨土為原型為現世父母建造了今天的佛國寺。

　　在建造佛國寺的過程中，金大城又做了一個夢。他夢見自己出生在一戶農家，父母都是種田為生的農戶，但是他們非常愛他，到他七歲的時候突然生了一場病死了。他的母親夜夜坐在燈前流淚，眼睛都哭瞎了，頭髮也變白了。金大城醒來後，按照夢裡的場景走到了一間茅屋前。不久，茅屋裡走出一個瞎了眼的白髮婦人，就是他夢裡的母親。金大城馬上跪在她面前，哭著說他就是她的兒子，並把她接到府邸好生伺候，以盡孝道。於是，在佛國寺的旁邊，又修建了為前世父母而造的石佛寺，也就是今天的石窟庵。

小知識

　　佛國寺座落在慶州東南的吐含山山腰處，據傳在西元 751 年由金大城修建。佛國寺的石造古蹟都是用花崗岩建造，採用的是雙塔式並置的伽藍佈局形式。大雄寶殿兩側各有一塔，東塔稱多寶塔，西塔稱釋迦塔。石窟庵是佛國寺的附屬寺，位於吐含山東面。它與佛國寺一道構成了一處具有重大意義的宗教建築群，充分展現了新羅文化的博大精深。西元 1995 年聯合國教科文組織將慶州石窟庵和佛國寺做為文化遺產，列入《世界遺產名錄》。

玉佛寺

——錦衣玉佛

玉佛寺

西元 1434 年，在泰國清萊府的一座佛塔中發現了一尊佛像，這尊佛像全身塗滿了石灰，人們都以為這是一座再普通不過的泥塑佛像。後來在搬運的過程中，佛像的鼻尖磕破了露出裡面的玉石，人們把外面的石灰剝掉，才發現這是一尊由一整塊翡翠雕琢而成的玉佛，玉石光潤細膩，碧綠通透，世所罕見。這尊玉佛微露笑容，輕啟雙眸，看起來是那麼的慈愛與溫柔。那凝聚著睿智的眉宇和寧靜的表情都使人感到心安。而那似開非開的雙唇，似乎正在誦唸經文，為世人祈禱著幸福安康。

這尊稀世珍寶馬上被清邁城主迎接入城，南奔城主也得到消息，也想搶奪玉佛，他的謀士給他出了個主意。載送玉佛的大車是靠大象拉動的，在運送玉佛的隊伍經過南奔地界時，他們秘密地放出一種大象特別喜歡吃

的水果的香味。大象的嗅覺比人靈敏，人還沒有察覺，大象早已聞到，於是大象拉著車向南狂奔而去。

南奔城主異常欣喜，將玉佛供奉於南奔城內最大的佛寺中，長達 32 年。32 年之後，清邁城主將玉佛請回清邁，安置於城內契迪龍寺內。而後老撾入侵泰國，又把玉佛請到老撾首都萬象，在萬象供奉了長達 226 年之久。直到泰國一世王北伐征服萬象，才把玉佛接回泰國。曼谷王朝拉瑪一世在曼谷建立新都後，於西元 1784 年專門建造了一座寺廟安置珍貴的玉佛，這就是玉佛寺的由來。

儘管玉佛在這些戰爭中被爭來搶去，但是人們都把它視為珍寶，直到今天我們看到它都還是毫髮無損的聖潔神秘。

備受尊崇的玉佛就放在大雄寶殿中，寺院依照泰國一年中熱季、雨季、涼季的時令變化，要精擇良辰吉日為玉佛即時更換不同的錦衣，熱季換鑲紅寶石的金衣，雨季穿綴有藍寶石的金衣，而涼季則著一件純金的金衣。不同的錦衣代表人們不同的願望，祈求其保佑眾生在不同的季節裡有不同的收穫。

小知識

泰國玉佛寺位於泰國大王宮內，是泰國皇室舉行宗教儀式的護國寺。拉瑪一世在興建皇宮時一併建造，並於西元 1784 年 3 月 27 日迎請玉佛到寺中供奉。玉佛寺的主體建築是玉佛殿，殿內正中神龕供奉著一尊高 66 公分、寬 48 公分的玉佛，佛像被放置在 11 米高的黃金鑄成佛臺上。玉佛身上披有價值連城的金縷衣。頂上懸掛有 9 層金傘保護，兩側分別是代表太陽和月亮的水晶球。佛前的兩尊佛像則分別代表一世皇與二世皇，每一尊所用的黃金重量為 38 公斤。玉佛與曼谷的臥佛、金佛一併被列為泰國三大國寶。

泰國	四面佛壇
	——有求必應

四面佛

　　泰國曼谷的四面佛和其他神仙稍有不同，它不是因為名聲遠播或者人們主動立廟祭拜的，而是當初在曼谷市中心興建酒店、娛樂場所時發生了一連串的建築事故，有關人士請來鎮邪的。從印度請來的四面佛也不負眾望，自從它出現以後，確實能保得一方平安。由於它有四個面，於是變得面面俱到了：正面保健康，剩下的一面保婚姻，一面則保事業，還有一面保錢財。這四面涵蓋了叩拜上香的人所有的需求，也難怪香火旺盛了。

　　那麼，四面佛真的很靈驗嗎？有這樣一個故事一直在流傳。

　　話說，四面佛被請來後，酒店得以順利竣工，生意也很興隆。於是各行各業的人開始聚集在這個賺錢寶地。其中有位美貌的女子，因為家中無

錢，也來這裡碰碰運氣，可是她遇人不淑，被賣去當了妓女。

她雖然沒能守身正業，但依然誠心禮佛。有一天，她在路上遇到一個殘障人士，請求她施捨。妓女本來就是個善心人，於是就給了他一些錢。誰知道沒一會兒，家裡就來電話，說老人生病了，要她寄些錢回去。囊中羞澀的她十分難受，於是孤注一擲，中邪般把所有的錢全拿去買彩券，同一個號碼連買了二十八注⋯⋯ 一看錢袋再無分文，妓女才清醒過來：這彩票哪是說中就能中的呢？這下好了，所有的錢和扔了有什麼區別？

一籌莫展的她來到四面佛前誠心禮拜：「我家境貧寒，為了家中老小不得已忍辱賣身，如果祢真的有靈，為什麼不保佑我呢？我已不比從前，快要人老珠黃，即使賣身也不知能維持多久；如今好心助人，卻害得家人生病沒錢診治。佛祖，這是我買的彩券號碼，祢要真的有靈，就保佑我中獎吧！」說完，她又補了一句：「如果中獎了，我就跳脫衣舞給你看！」

許願後，她回到住處，倒頭便睡。沒想到，晚上上班時，她得知自己真的中了大獎！第二天早上，妓女急忙跑去兌獎。妓女買彩券中大獎從無先例，這一消息令泰國上下轟動。妓女拿到錢後，立刻拿回家給家人治病，自己也不用再過賣身的苦日子了。

可是她此後好像變了一個人，越來越暴戾，言語粗俗，行為失常。她的母親詢問原因，她回答說：「我也不想，但我控制不了！」她的母親也是信佛之人，於是帶著她去面拜四面佛，希望能夠助她驅邪靜心。

她一見到四面佛，忽然想起自己曾經許的跳脫衣舞禮佛的願，但是又不好意思在眾目睽睽之下還願。旁邊的大師看出她神色不對，問明緣由後，語重深長地告誡她：「佛祖在意的是禮佛的態度，而不是禮佛的方式。」於是，女子再無猶豫。在晚上，避開了眾人，為四面佛跳了一段無比虔誠、毫無遮掩的禮佛舞。

從此以後，那個女子洗掉了從前的髒澀，身心俱潔，過著安穩幸福的生活。

小知識

　　四面佛位於泰國曼谷市中心愛侶灣大酒店面前，被稱為有求必應佛。該佛有四尊佛面，分別代表愛情、事業、健康與財運，掌管人間的一切事務，是泰國香火最旺的佛像之一。「四面佛」在泰國及東南亞被認為是仁慈無比的神祇，所以在拜佛之前要戒葷吃素，以表示對動物的仁愛。每年有許多的佛教徒及印度教徒來這裡拜佛，其中最多的是香港人和新加坡人。如果祈求後願望達成，信徒必須準備祭品再次到此酬神還願，甚至還要表演歌舞。

仰光大金寺
——蜜糕與佛髮

大金塔

　　相傳在西元前 585 年，印度發生大饑荒，餓殍遍野，慘絕人寰。有兩個在印度做生意的緬甸商人兄弟不忍心，於是打開糧倉將家中的大米盡數載上一艘大船。兩兄弟在船上用大米做成蜜糕，然後駕著船沿岸把蜜糕分發給災民。不過半個月的時間，船上的米就顆粒不剩了，兩兄弟再也做不出蜜糕，而且連自己那份口糧都沒有留下。兩人上了岸，只得跟那些飢民們一起剝樹皮、挖野菜充飢。當他們來到那棵神聖的菩提樹下時，兩人已經餓得眼冒金星。這時佛祖釋迦牟尼現身了，佛祖感念他們兩人施蜜糕救災民的大慈大悲功德，賜給了他們八根自己的頭髮。

　　兩兄弟拿著這八根佛髮，一瞬間就感覺精力充沛，再也感覺不到飢餓的威脅。佛髮所到之處，當地的人們就感到飽足和喜樂。人們打起精神種

瓜果糧食，不久，印度的饑荒基本上解除了。人們對佛祖的恩賜感恩戴德，都囑咐兄弟兩人一定要收藏好這八根佛髮。

兩兄弟一路走一路打聽，想尋一個神聖的地方供奉這八根佛髮。兩兄弟來到緬甸境內，當地的國王聽聞他們帶回了佛祖賜予的珍貴佛髮，連忙親自出城迎接。國王告訴兩兄弟丁固達拉山埋藏了三佛舍利，如果佛髮和三佛舍利埋在一起想必是十分妥當的。這三佛舍利是拘留孫佛的法杖、正等覺金寂佛的濾水器和迦葉佛的袈裟。兩兄弟在國王的指引下來到供奉三佛舍利的聖山，拿出八根佛髮與三佛舍利一起盛在一個紅寶石做成的盒子裡，埋於地下。

兄弟兩人剛埋好寶盒，大地立刻震動了起來。只見八根佛髮發出耀眼的白光，瞬間穿透了地獄和天界。天空雷聲隱隱，連須彌山都感應到了佛光。在這光的照耀下，瞎子重見光明，聾子能夠聽見，啞巴也能言善道起來。剎那間，寶石像雨一般從天而降，直沒到膝蓋。常年冰封的喜馬拉雅山，也立刻長滿了青草和花朵。人們歡呼雀躍，通宵達旦地歌頌佛祖的恩德。

為了紀念佛祖的恩賜，國王派人在丁固達拉山上修建了一座佛塔供人瞻仰，叫做四佛舍利塔。這就是仰光大金寺的前身。

佛塔在建成後直到今天因地震和戰爭原因遭到多次破壞，但也經歷了多次修繕。佛塔初建時只有 20 米高，15 世紀的德彬瑞蒂王用相當於他和王后體重 4 倍的金子，以及大量寶石，對此塔做了一次修整。現在塔的高度是 112 米，是西元 1774 年阿瑙帕雅王的兒子辛漂信王修建的，本次修建時，在塔頂安裝了新的金傘。西元 1871 年由緬甸王敏東敏又捐贈了新的塔尖。

由於佛塔外觀金光燦燦，所以現在我們稱它為「大金塔」。緬甸人也稱為「瑞大光塔」，「瑞」在緬語中是「金」的意思，「大光」是仰光的

古稱，是緬甸人的驕傲。無論如何，正是因為同葬了四位佛祖的遺物，使得大金塔成為佛教徒的一處聖地，兩千年來香火不斷，盛名遠播。

小知識

　　仰光大金寺又稱雪德宮大金塔，位於仰光市北茵雅湖畔的聖山上，不論在市區的哪一個位置都能看見大金塔金光燦燦的塔頂。傳說大金塔始建於西元 486 年，同時供奉著四位佛陀的遺物，包括拘留孫佛（Kakusandha）的法杖，正等覺金寂佛（Konagamana）的淨水器，迦葉佛（Kassapa）的袈裟及佛祖釋迦牟尼的八根頭髮。它的塔基為 115 平方米，高 112 米。經過多次貼金，塔身的金磚總重已達 7 噸之多，塔尖還鑲有 7000 顆各種罕見的紅、藍寶石，最為貴重的是一塊 76 克拉的鑽石。

斯里蘭卡 佛牙寺
——佛牙爭奪戰

佛牙寺

據說佛祖火化後，得到佛牙舍利４顆，但是只有２顆存世，其中一顆為阿羅漢讖摩取得。讖摩是佛祖最具智慧的一個女弟子，也是當時印度國王頻毗娑羅的第三任王后，她本人也是出自旁遮普酋長的貴族。傳說她長得十分美貌，曾經被佛祖用生、老、病、死的幻象點化才皈依佛門。

讖摩把得到的佛牙舍利帶到了羯陵迦，獻給當時的羯陵迦國王。梵施王得到佛牙後，非常高興，他請來最好的工匠，用大量黃金、寶石和珍珠為佛牙修建了一座金塔。有了佛牙的庇護，接下來的幾年裡，羯陵迦王國國力強盛，百姓安居樂業富足安寧。好景不常，不久梵施王便南征北戰，到處挑起戰爭，血流成河的侵略戰爭再也得不到佛牙的庇護。

西元 3 世紀晚期，崛起於印度南方的潘迪亞王國迅速取代了羯陵迦在南方的勢力。潘迪亞國王為了粉碎羯陵迦最後的希望，企圖用一把大鐵錘把佛牙敲碎，結果一擊之下大鐵錘應聲而碎，佛牙則躍上天空，發出耀眼的聖光。全體百姓都看到了佛牙的神蹟，潘迪亞國王馬上撤兵，舉國皈依佛門。

南印度的其他王國聽聞此事深感不安，他們糾集了一支大軍準備攻擊潘迪亞和羯陵迦，奪取佛牙。為了保全佛牙，西元 313 年，羯陵迦駙馬丹薩和公主黑瑪拉臨危受命，要將佛牙帶入友邦錫蘭。公主黑瑪拉將佛牙藏在髮髻裡，坐船出發了。兩人到達錫蘭島後，當地的一個婆羅門指引他們前往錫蘭都城安努拉達普勒。駙馬和公主兩人打扮成婆羅門把佛牙放在一個岩洞寺廟裡。這座用天然石窟修建的寺廟，是安努拉達普勒最早的佛教寺廟之一。

錫蘭國王非常高興，並認為佛牙的到來會給斯里蘭卡帶來 2500 年的輝煌時期。國王立即著手在王城內修建了一座佛牙寺。寺成之日，用王冠承載佛牙，頂在頭上親自將佛牙送入佛牙寺。

在斯里蘭卡，佛牙與國運和王權緊密聯繫在一起，地位堪比王位。在斯里蘭卡存放佛牙的寺廟，隨著斯里蘭卡皇宮的變遷幾經輾轉，國王在哪裡，佛牙也必須在哪裡。國王失去了佛牙，他的王權就會被質疑。隨著斯里蘭卡國內政局的變化，2000 多年來，佛牙不斷的從斯里蘭卡的一個地方被轉移或者奪取到另一個地方。於此同時，佛牙還吸引了眾多的外國勢力的追逐，來自南印度、緬甸和歐洲的強權們一而再再而三地對佛牙的存在構成了威脅。最晚的一次，在西元 1998 年 1 月，泰米爾猛虎組織還曾經在佛牙寺門前製造了一起炸彈襲擊事件。

現今斯里蘭卡人都會在每年的 7、8 月份在佛牙寺舉行盛大的佛牙節，當地人稱為「佩拉黑拉」大遊行。在隆重的慶典中，主事者將佛牙安置在

小型佛塔中，再將佛塔放在裝飾華麗的象背上沿街展示佛牙。人們舉著火炬、擊鼓、舞蹈，還有上百頭披著節日盛裝的大象參加遊行，非常盛大。

小知識

　　佛牙寺位於古城康提湖畔，又稱「達拉達·馬利戛瓦」，以供奉佛祖釋迦牟尼的佛牙而聞名。西元 1988 年佛牙寺就被聯合國世界教科文組織列為重要的世界文化遺產。佛牙寺做為斯里蘭卡最重要的佛廟，受到政府嚴密保護，門口由軍警把守，入廟時還必須接受安全檢查，入寺者務必脫鞋，服裝必須端莊，以示虔誠。佛牙寺圍牆四角各建有一座廟，即納特廟、摩訶廟、卡多羅伽摩廟和帕蒂尼女神廟。據說這 4 座廟是為了保護佛牙而建立的。

安努拉達普勒古城

斯里蘭卡
——開枝散葉的菩提聖樹

安努拉達普勒古城

西元前 6 世紀中葉，釋迦牟尼在菩提伽耶的一棵畢鉢羅樹下悟道成佛，從此以後，這棵樹便成了智慧的化身，畢鉢羅樹被則稱為菩提樹。「菩提」是梵文「覺悟」的音譯。這棵菩提樹，枝繁葉茂，冬、夏都青翠欲滴，整個佛教世界都視之為「聖樹」，受到信眾們的崇仰與敬拜。

西元前 3 世紀，孔雀王朝阿育王剛繼位時篤信外道，於是親率軍隊前來砍伐，將樹的根、枝、葉砍得粉碎，再命令事火婆羅門放火焚燒以祭天神。不料在一片灰燼中忽然又長出了兩棵樹，於熊熊烈火中蒼翠生長。阿育王目睹這一切，心悅誠服，於是用香乳灌溉剩下的殘根。

第二天清晨，菩提樹已長回了原來的樣子。阿育王又驚又喜，遂皈依

佛門，親自在此供養此樹。但阿育王妃卻秘密派人在夜裡又將樹砍掉，等到第二天阿育王前來禮拜時發現菩提聖樹只剩下殘敗的樹樁。阿育王悲痛萬分，他再次虔誠祈禱並用香乳灌溉殘根，不到一天的時間菩提樹又重生了。為了保護珍貴的菩提聖樹，阿育王下令派人在菩提樹四周修築高十幾米的石欄，現在仍有三面石欄存留下來。

阿育王為了廣佈佛法，阿育王派兒子摩哂陀帶著大量佛經渡海到斯里蘭卡傳法，開創了斯里蘭卡的佛教歷史，從這以後安努拉達普勒逐漸成了斯里蘭卡最早的佛教聖地。

不久，阿育王又派他的女兒僧伽密多到斯里蘭卡，為斯里蘭卡公主和侍女傳授比丘尼戒，並在安努拉達普勒城建優婆夷庵，斯里蘭卡第一個比丘尼僧團從此誕生。更重要的是，僧伽密多還帶來一根從菩提伽耶菩提樹上砍下的樹枝贈送斯里蘭卡國王。國王將它栽種在一座高臺之上，把它當作佛陀的化身一般晨昏定省，虔誠膜拜。

這根樹枝在斯里蘭卡的土地上存活並長成了一棵茁壯繁茂的大樹。當在首都安努拉達普勒城栽種大菩提樹分枝時，全國都派了代表參加，栽種儀式非常隆重。當分枝長大後，又再移植到全國各地。這棵聖樹的栽植被視為佛教在斯里蘭卡建立穩固基礎的象徵。

不幸的是，菩提伽耶的聖菩提樹在阿拉伯人入侵印度時被毀，印度國王派人從斯里蘭卡的大菩提樹上請回樹枝移植在菩提伽耶。因此，今天在菩提伽耶栽種的菩提樹是幾百年前從斯里蘭卡移植的安努拉達普勒菩提樹的分枝。

這棵菩提樹到現在已有 2200 多年的歷史，是現今世界上樹齡最長最古老的樹。為防止朝聖者擁擠而傷及菩提樹，西元 1966 年和西元 2003 年，斯政府兩次在菩提樹高臺周圍修建了金色圍欄。前來瞻仰菩提樹的善男信女絡繹不絕，他們在菩提樹的樹枝上，懸掛寫滿祈禱詞的各色布條，在高

臺下面，點放油燈，頂禮膜拜，求佛賜福。每到 5 月、6 月的月圓日，數以百萬計的信徒就會聚集在菩提樹的周圍，紀念摩哂陀法師來斯里蘭卡弘法。

小知識

　　安努拉達普勒古城位於可倫坡東北 200 多公里，始建於西元前 250 年，是斯里蘭卡最早的國都。它不僅僅是一座城市，更是南亞最大的佛教中心，每年有成千上萬的朝拜者和遊客紛至遝來。聖城中央有一圈 10 米高的叢林覆蓋的土墩，象徵著這是古代城市的中心，土墩周邊聚集了大菩提樹、伯拉貞宮、魯梵伐利塔、祇陀林佛塔、都波羅摩塔、阿巴耶祇利寺、坐佛大石佛、雙池塘等古蹟，西元 1982 年被列入世界遺產名錄。

台灣 佛光山
——星雲法師的「兒女們」

佛光山地藏殿

　　1938 年，正值日軍侵華之際，十二歲的李國深跟隨母親來到南京，尋找在此經商卻失蹤的父親，然而卻未能如願。由於四歲起便跟隨信佛的外祖母茹素，李國深年紀雖小，卻已佛緣深種，亂世之苦更堅定了他出家的決心。

　　在說服了母親後，李國深師從志開上人，在南京棲霞寺剃度出家，法號法名悟徹，號今覺，為臨濟宗第四十八代傳人。他，就是臺灣佛光山的開山宗長、「人間佛教」的倡導者——星雲法師。

　　1967 年 5 月 16 日，佛光山開山創建。當時，整個臺灣經濟都很匱乏，初創的佛光山更是經濟拮据，然而卻要面對收養無家可歸的孩子的難題。

這些孩子有的是偷偷放在山門口的襁褓中的嬰兒，有的是被遺棄在菜市場、陋巷的小孩，甚至有的是家庭經濟困難的信徒的小孩……星雲法師本著「不忍眾生苦」及「天下兒女都是我的兒女」的慈悲心，毫不猶豫的一一收養下來。

後來，由於被送來的孩子越來越多，星雲法師便與徐槐生居士創辦了大慈育幼院，讓這些不幸的孩子有個安穩的環境，並受到良好的照顧和教育，從而身體和心靈都健康快樂的成長。

然而，收養棄兒不是只照顧好孩子們吃、穿、住、學就可以的事。

有一天，主管佛光山院務的執事找星雲法師商量孩子們報戶口的事：「我們幫那些無姓名的小孩報戶口，但是戶政機關不肯接受，說必須有人認養才可以入籍。但是如果我們認養了，日後繼承財產或其他方面有問題怎麼辦？」

星雲法師看他為難的樣子便說，把那些沒姓名的孩子都歸在自己的戶籍下，跟著他的俗家姓氏姓李。

執事遲疑的說：「師父！這樣不好吧！如果將來……」

未等他說完，星雲法師就堅決的說：「天下的兒女都是我的兒女，如果將來怎麼樣，我都心甘情願。」於是，執事就拿著星雲法師的資料去戶政機關，給那些沒有姓名的小孩報了戶口。

星雲法師對這些不幸的孩子視如己出，每個孩子到了入學的年齡都被送到學校念書，維持他們接受正規的教育，並且還自掏腰包為他們繳學雜費、買文具用品。每年過年都會按照一般人家的習俗，為孩子們添置新衣、新鞋。

有一回，有遊客遇見了育幼院的孩子，下意識的說道：「這些孩子好

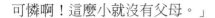

可憐啊！這麼小就沒有父母。」

星雲法師聽說後，下令以後不准外界人士擅自來育幼院參觀，避免此類無心的話語傷害孩子們的自尊，並因此定下了育幼院慈善工作的幾條原則：

一、不叫窮，不以孩子為號召去獲得金錢贊助，盡可能不讓孩子們的心理受創傷。

二、不給人認養，避免因一人被認養而讓其他孩子受刺激的情況發生，讓每個孩子安心地將育幼院當作自己的家。

三、不讓孩子穿著破舊，無論孩子們是去上學讀書還是在院內，都盡量給他們穿新衣、新鞋，讓他們覺得很榮耀；

四、不限制孩子的發展，讀書成績好的孩子可直升大學，能辦事的孩子可以依其能力分配職務。

星雲法師把這些孩子稱為「佛光山的王子、公主」，不光指派優秀的法師負責照顧和教導孩子，自己也會抽時間關心孩子們的學習狀況，和他們交流談心；到世界各地弘法，總會帶當地的文物回來給孩子們，為他們講述所見所聞……

他這種凡事優先考慮孩子的做法產生了積極的影響，不光許多法師效仿而行，信徒們也開始捐地、捐錢、捐物、當義工，使得大慈育幼院能不斷地擴建，收養更多的孩子。迄今為止，佛光山大慈育幼院的王子、公主前後累積已超過一千人。

生、老、病、死乃人生四苦，當年因星雲法師的一顆慈心，收養了幾個孩子，便開啟了佛光山解決「生」苦的慈善事業。

此後，星雲法師為解決老、病、死之苦，又設立了佛光精舍、雲水醫院、

萬壽園等機構。星雲法師這種「天下的兒女都是我的兒女、天下的父母都是我的父母」的理念，正是佛陀精神的真諦，也是他倡導「人間佛教」終極追求。

小知識

佛光山位於臺灣高雄縣大樹鄉東北區，有「南臺佛都」之號，是星雲法師為提倡「人間佛教」之道，率領弟子於民國 56 年創建的。其寺廟建築宏偉，整體設計上仿效大陸佛教的四大名山，大雄寶殿、大悲殿、大智殿及大願殿是四幢主要建築，大佛城中的接引大佛高 120 英尺，為佛光山的地標。從佛光山開山以來，特別強調以教育及服務來弘法，數十年來創立了育幼院、高級中學、大學、佛教學院、圖書館、出版社、翻譯中心、藝文中心、茶館、報紙、電視臺以及老人之家，並且積極推動義診。佛光山是臺灣最大的佛教道場，也是臺灣信眾最多、最負盛名的佛教聖地。

法鼓山

　　聖嚴法師繼承東初老人法業，接任中華佛教文化館、農禪寺住持後，由於信徒日增，場地已見侷促，便開始尋找一個具有長久性、安定性和未來性的地方，來建立新的道場。1989年，聖嚴法師在金山鄉三界村覓得一塊福田寶地，將新道場命名為「法鼓山」，並開始著手進行建設。在建設法鼓山的過程中，遇到很多困難，也發生了很多有意思的事情，這裡講的是關於山上的一座山神廟的故事。

　　在法鼓一橋對面、臨溪步道的終點有一座「山神廟」，是三界村幾戶村民多年來的保護神。據說：從前，這裡每到夜晚就會有泛著綠光的星火在各處出現，漸漸合到一處，隨後驟然消失在空中。有人好奇走近查看，卻只見到一塊大石頭。有居民認為這是塊靈石，便對著膜拜祈禱，居然很

靈驗！於是，村民就提議蓋土地公廟。這地方屬於私人土地，但在地主的成全下，一座小小的土地公廟就建了起來。

後來，聖嚴法師為建設法鼓山道場，陸續買進了山上的土地，包括土地公廟所在的山坡地。原來的地主並沒有對土地公廟的處理提出條件，但聖嚴法師基於尊重村民信仰的想法，就把土地公廟保留了下來。

隨著法鼓山建設的進行，上山的人越來越多，法鼓一橋沒建成之前，只有一條小橋從土地公廟的右側經過，是唯一能夠進出的路。有很多人經過土地公廟時，都會停下來合十、問訊，向土地公打招呼，聖嚴法師也不例外，還請土地公菩薩為他們守護道場，並向祂發了一個願：待法鼓山落成後，就把土地公菩薩升格為「山神」，將土地公廟翻修成「山神廟」。

有一次，聖嚴法師帶著研究所的學生上山看建築用地，有一個學生看到他對土地公問訊，就說：「師父，閻王好見，小鬼難纏，別拜小鬼啦！」聖嚴法師立刻斥責道：「你錯了，土地公是在這裡替我們守護道場！」

之後不久，聖嚴法師和這些學生穿過水田時，那個稱土地公為小鬼的學生的一隻腳突然陷進了爛泥中，他想藉另一隻腳的力量掙脫出來，結果卻越陷越深，整個膝蓋都陷進去了。那個學生驚慌求救，聖嚴法師一邊把自己的木杖遞給他，一邊對他說：「你向土地公道歉吧！請土地公『大人不記小鬼過』。」那個學生連忙照著聖嚴法師的話說了，馬上，他之前還動彈不得的腳就輕鬆的從泥裡拔了出來。回程時，又經過土地公廟，這個學生便主動合掌，向土地公菩薩道歉。

過一段時間後，聖嚴法師開始對土地公菩薩說法，他說：「三界是火宅，您在這地方很辛苦，雖然做了土地公，仍然不自由，並沒有真正得解脫。現在山上的臨時殿每天都有早晚課，請您來聽吧！我講開示的時候，也請您來聽法。不要老是守在這裡，快到西方佛國淨上去吧！」這樣說法了一陣後，有一個有「第三隻眼」能看到靈異的人說：「這裡的土地公走了，

廟還在，可是土地公被高人渡走了！」雖然他這麼說，可是當地的村民還是一樣來廟裡拜，香火不斷。過了一段時間後，這裡就又來了另一位土地公菩薩，接受香火、保佑村民。

法鼓山落成後，聖嚴法師對土地公還願，開始翻修「山神廟」。但這項工程並不在原來的建築規劃之中，所以只能另外去籌款。當時給聖嚴法師駕車的是李枝河居士，聖嚴法師問他能不能發善心接下這樁功德，他很爽快的就答應了。於是，他們將土地公廟翻修成了山神廟，但規模卻並沒有原來大太多，這是因為山神廟附近有步行道，山坡上還有棵大樹，如果將廟的佔地擴大太多，就必然要砍掉那棵樹，為了不傷害大樹，所以只得將山神廟的佔地規模略微擴大一些。

山神廟在擴建前，曾經有副聖嚴法師題的對聯；完成擴建後，聖嚴法師應果懋法師的請求，又題了一副新對聯：「保佑三界村全體村民日日吉祥如意，擴持法鼓山教育園區時時平安清淨」，也可簡作：「保佑三界村村民吉祥如意，擴持法鼓山園區平安清淨」。

小知識

法鼓山位於臺北縣金山鄉，由東初老人創建的「農禪寺」與「中華佛教文化館」發展而來，1989 年由開山宗長為聖嚴法師購地創建。由於佛典中多處提及「法鼓」一詞，而其地理形貌又如一個縱臥的大鼓，故引經典、取其形而得「法鼓山」之名。

法鼓山崇尚與自然和諧相處，並在宗教建築上表現與時代同步的理念，其廟宇一改宗教寺廟屋簷黃瓦的傳統風格，在自然中追求信仰。其鐘樓上立有「法華鐘」，為法鼓山之鎮山物。法鼓山是北臺灣最大的佛教道場，也是臺灣佛教四大山頭（佛光山、中臺禪寺、法鼓山、慈濟基金會）之一。

Section 4

日月拱照，內外清修

——道教聖地

崆峒山

中國

——黃帝向廣成子求道

崆峒山

　　東方的軒轅黃帝聽說廣成子住在崆峒山，不顧萬里之遙，一路風塵僕僕前來拜師問道。這黃帝也是個非凡人物，姓公孫，名軒轅，為有熊國君少典之子。黃帝不但聰明睿智，而且謙恭好學，青少年時即立志遊歷名山大川，遍訪天下賢能之士。去崆峒山時他已四十來歲，做為國君的黃帝端坐大象背上在前，元妃嫘祖和女節坐木輪大車在後，另外還有文臣、武將、武士等不下一百多人。

　　一日，過了涇河，由於崆峒山岩崖危峻，車仗停在山下。黃帝在山下肅穆敬候許久，不見一點動靜，女節建議大家歌舞起來，仙師也許會下顧。黃帝點頭同意，於是焚起香草，群臣跳起操牛尾之舞，邊舞邊唱，聲音在山谷中縈繞。

　　廣成子、赤松子正在對弈，玄鶴童子急匆匆來到洞中，稟報說：「稟仙師，軒轅氏在山下。」廣成子早知黃帝來意，含笑說：「真荒唐，不去治國，卻來求仙。待我去看看。」一揮拂塵，跨上鶴背，飄然出洞。

　　廣成子在雲端出現，黃帝等人欣喜若狂，全都跪倒在地。黃帝以極崇敬之語氣，朗朗說道：「弟子一片丹誠，前來求教，敢問仙師，至道是什麼？」廣成子乘鶴在黃帝等人頭頂盤旋三匝，然後停在虛空，語意深長地說：「治理天下者，沒有見積雲就想下雨，沒有到秋天就想草木黃落，哪裡能談至道呢？」說畢，仙鶴凌空，隱入雲霞之中。黃帝悵然若失，想想仙人的話，不由得一陣心酸，淚水奪眶而出。

　　黃帝畢竟悟性高，回國後勤勞焦思，憂國憂民，選賢任能，勵精圖治。後來在阪泉戰勝炎帝，在涿鹿擒殺蚩尤，統一了天下，老百姓終於過著太平日子。

　　黃帝很感謝廣成子的教導，在他一百歲時，悄悄離開軒轅之丘，單獨一人再次上崆峒山拜師問道。路上，黃帝見前面過來一位赤髮赤鬚的長者，便恭立道旁，施禮讓路。長者微微一笑說：「學會謙恭，始能求真。好，好！」黃帝趕忙上前說：「請問長者，哪條道可通崆峒仙界？」長者把黃帝略一打量，隨口吟道：「仙凡本無界，只在心上分；不惜膝行苦，一誠百道通。」說罷倏然不見。這長者正是赤松子，化為凡人對他指點一番。

　　一路上，黃帝不斷思索那長者的四句話，直到鞋磨穿、腳磨破、寸步難行時，才恍然大悟，決心以膝代步，爬上崆峒山。砂石如刀，膝破血流，所過之處石子都被鮮血染紅了。

　　當他膝行到山下時，廣成子派金龍把他接上山去。黃帝見到廣成子，稽首再拜，請教如何修身養性、長生不老之道。廣成子讚許他問得好，隨即以平緩的語氣說：「至道之精，窈窈冥冥，至道之極，昏昏默默。無視無聽，抱神以靜，形將自正，必靜必清，無勞汝心，無搖汝精，存神定氣，

乃可長生。目無所見，耳無所聞，心無所知，汝將守形，形乃長生。」廣成子說到這裡，略一停頓，接著又講了他如何修身，已千二百歲而形未嘗衰……等等。

黃帝一字一句牢記在心，只覺心明眼亮，豁然開朗，稱頌說：「仙師真是天生的聖明之人！」畢恭畢敬地再拜而退。就在這天，從軒轅之丘趕來接駕的群臣，已登上峽口山頭，等候黃帝。

黃帝回國後，居於荊山極高處之昆臺上，依廣成子所教之道，靜修養身。在一百二十歲時，白日乘龍升天而去。

小知識

峒山位於甘肅省平涼市城西 12 公里處，東瞰西安，西接蘭州，南鄰寶雞，北抵銀川，是古絲綢之路西出關中之要塞，既富北方山勢之雄偉，又兼南方景色之秀麗，凝重典雅的八臺九宮十二院四十二座建築群、七十二處石府洞天，具有極高的觀賞、文化和科學考證價值，自古就有「西來第一山」、「西鎮奇觀」、「峒山色天下秀」之美譽。故事講述的「黃帝問道」這一千古盛事在《莊子‧在宥》和《史記》等典籍中均有記載。

武當山

中國

——真武大帝得道

武當山

在遠古黃帝時代，在海的西邊有一個美麗的國家叫淨樂國。一天，淨樂國的善勝皇后正在花園裡散步，忽然覺得天上的太陽光耀大地，樹木格外青翠，花草也分外的芳香。一聲巨響，天上的神仙捧出一個紅火的太陽向下一扔，那太陽就變成了一個如珠子一般大小、通紅透亮的果子，飄著異香。果子「咻」一聲鑽進了善勝皇后的嘴裡，轉瞬間就滑落到她的肚子裡。頓時，善勝皇后覺得通身暢快，天地也現出了美麗的霞光。從此善勝皇后就有了身孕。

懷胎十四個月後，在黃帝紫雲元年三月初三的正午時分，善勝皇后的左肋裂開一個口子，從裡面跳出一個娃娃。這其實是太上老君化作太陽的精靈，托生到了人世，變成了真武大帝。

真武大帝天生聰明，過目成誦，還學了一身好武藝。可是，他偏偏不肯繼承王位，他的志向是求仙學道。這一天，他在花園中遇到一位紫衣道人，紫衣道人對他說：「你要想得道成仙，就必須遠離凡世。」紫衣道人指點真武：在大海的東面有一座仙山，是修道的好地方。說罷，紫衣道人就消失了。原來這是玉清聖祖紫元君的化身，被真武的決心所感動，特來指點他的。於是，真武毅然決然地離開了父母，拋卻皇家生活，獨自乘船，歷盡艱險，終於來到了大海東面的那座仙山。那一年真武才十五歲。

善勝皇后捨不得兒子離開，就在後面追，哭著連聲呼喊兒子回來，句句動人心弦。她喊了十八聲，真武卻連應了十八聲表示堅決不回去。善勝皇后索性抓住真武的衣角不讓他離開。真武愛母親，可是又不肯改變自己的志向，於是就拔出寶劍，把衣角割斷。善勝皇后不由得鬆了手，那一片衣角就隨風飄落，落到漢江中，變成了「大袍山」和「小袍山」。善勝皇后還是沒有放棄追趕。真武揮起寶劍朝身後的大山劈去，把山峰劈成了兩半，中間現出一條河來，母子就這樣被河分隔在了兩岸。

真武大帝苦修了幾年仍不能得道成仙，不免灰心喪氣，想著還不如回國繼承王位，就向山下走去。走到半山腰，前面突然出現了一位老太太，正坐在一口水井旁邊，雙手握著個鐵杵，慢悠悠地磨著，還說：「我想把它磨成一根繡花針。」真武覺得好笑，勸她不要白費力氣。老太太卻指點他只要堅持不懈，一切都是有可能的。真武心中一動，卻見老太太已經坐在了雲頭，正向他點頭微笑呢！原來，這也是紫元君前來點化真武大帝。直到今天，在「磨針井」的大殿門前，還插著兩根鐵杵。

從此，真武大帝幡然省悟。他回到山中，在南岩上過著清苦的日子。他多年來端然靜坐，連飛鳥在頭上做窩、荊棘穿透他的腳掌長成大樹也全然不理。他長年不食五穀，並且把腸胃抓出來扔到地下。腸胃後來也道法附身，變成了龜蛇二將。就這樣，他整整修練了四十二年。

這一年的九月初九，天上佈滿了祥雲，空中飄撒著天花，仙樂飄飄，彌漫清香。真武大帝覺得內心明亮，通體透亮，身軀就像流雲一樣，飄飄欲飛。他知道，這是要成仙升天了。突然，一個絕色美女出現在他的面前，手捧金盆、玉杯，要為真武大帝洗漱更衣，非常嬌媚。真武不為所動，拔出寶劍喝道：「請妳莊重自愛！」女子受了呵斥，又羞又愧，覺得無地自容，縱身一跳，摔下了萬丈懸崖。真武大帝非常後悔，覺得不該逼人死命，如今只有一命賠一命，於是也隨著跳下懸崖……這時，山崖下出現了五條龍，托著真武大帝升上了天空。剛才跳下懸崖的女子此刻正立在雲頭，原來還是紫元君，這是祂最後一次考驗真武大帝。

真武大帝終於得道成仙了。紫元君帶著真武大帝升上了天空，還被玉皇大帝封為天界的亞帝，坐鎮武當山。

小知識

武當山古有「太嶽」、「玄嶽」、「大嶽」之稱，位於湖北省西北部的十堰市丹江口境內，屬大巴山東段。武當山因是真武大帝的道場而成為道教名山，武當道樂被尊為「仙樂」、「梵音」，武當派武術以「內家功夫」而著稱，是中國武術中與少林齊名的重要流派，譽為「北崇少林、南尊武當」。武當山是聯合國公佈的世界文化遺產地，是中國國家重點風景名勝區。

鹿邑太清宮
——老子出生地

鹿邑太清宮

西元前 577 年夏 6 月，宋國國君共公去世，右師華元執掌了國家大權。以左師魚石為首的桓氏宗族早就有了叛變奪政之心，由於走漏風聲，被以華元為首的戴氏宗族逐出宋國。此後，任命向戎為左師、老佐為司馬、樂裔為司寇；國家也立了新君，也就是宋平公。

魚石率桓氏宗族一行兩百餘人逃往楚國，待了三年。西元前 573 年夏 6 月，楚國起兵攻宋，拿下宋國的彭城（今江蘇徐州），封魚石、魚府守城，並留下三百乘戰車幫助鎮守。

宋平王擔憂地問眾臣：「如今楚國攻下我國彭城，又敵強我弱，若任由他們佔下我城，豈不後患無窮，該如何是好？有哪位賢臣願為我重奪要

塞？」這時，有位大臣走了出來，自告奮勇地說：「愚臣願為國分憂。」

宋平王一看，此人正是司馬老佐，身高丈二，長得威風凜凜，不怒自威。可是華元卻擔憂魚石之狡詐，對平王說：「魚石是陰險狡詐之人，詭計多端，而且彭城有楚國戰車三百，士兵三千，司馬雖為一員猛將，恐也難以攻下。」

老佐毫無畏懼，說：「魚石不過一介蛀書之蟲，魚家上下都沒有見識，有什麼好可怕的呢？我願攜全家上下圍攻彭城，彭城不克，永不回國。」宋平王高興地批准了，還派給老佐兩萬人馬。

宋國到達後圍住彭城日夜強攻，老佐英勇威武，使得宋軍士氣高漲，不到半月，彭城守軍便危在旦夕。一日，魚石、魚府在城上督戰，見宋軍人潮洶湧，個個奮勇爭先，架梯登城，不甘其後；一員大將銀盔銀甲衝鋒在前，威猛無比。一楚將問道：「這宋將是誰？」魚石答道：「是新任司馬、圍兵主將老佐。」楚將紛紛議論說，這名主將身先士卒，鼓舞士氣，看來我軍危險了。但魚石是個有心計的人，他想到一條奸計，說：「兩軍相對，帥在前還是在後，要有分寸。現在宋兵攻城，主將突出在前，乃兵家大忌呀！我有一條小計，如果照計行事，宋軍必敗。」

原來魚石是讓部下偷偷放暗箭。老佐正在軍前督戰，忽然飛來一箭，入胸五寸，不幸墜馬身亡。宋軍群龍無首，潰不成軍，四散逃亡。

老佐眾多眷屬忽聞老佐陣亡，又見潰軍如潮湧來，眾家將急忙駕車保護老夫人奔逃。至傍晚，追兵雖已不見，但老夫人身旁僅剩下兩名侍女、一位駕車家將了。家將不敢停，一路披星戴月趕路，摸黑前行。

第二日天明時分，來到一個偏僻村莊，向村民問去宋都之路，均表示不知。家將只知應向西行，豈知方向早已偏失。一行四人繞小道行程七日，仍不見宋都，卻來到了陳國相邑（今河南鹿邑東）。正行之時，老夫人突覺腹中疼痛，原來老夫人已有七月身孕。老佐為遵守軍令狀諾言，以必勝

之心攜眷出征。如今兵敗，老夫人又有喪夫之悲，加上心中焦慮與身體疲勞，以致動了胎氣，疼痛難忍。家將忙停車於路旁，奔到村中請一老婦人前來幫助接生。沒過多久，只聽篷車之內響起「哇哇」哭聲，一個早產男嬰就這樣出世了，這便是老佐之子——老子。

剛出生的老子體弱頭大，眉寬耳闊，目光清澈，鼻含雙樑中如轍。因其雙耳比常人大很多，故取名為「聃」；而因出生於庚寅虎年（西元前571年），小名就叫小狸兒，即「小老虎」之意。這是江淮間人們的習慣稱呼，漸漸音同「李耳」。久而久之，老子的大名「李耳」便傳下來了。

接生老婦可憐這孤寡母子無依無靠，讓一行五口住進自己家中。老丈以開藥店謀生，人稱陳老爹，老婦則為陳媽媽。陳氏夫妻為人純樸熱情，讓出三間廂房，留老夫人一家居住。老夫人在危難亂世逢此善良之人還順利產下嬰兒，心中感激不盡；畢竟出於大戶人家，隨身攜帶細軟尚夠溫飽度日。而隨身家將常幫陳老爹營生，兩位侍女料理家務，老幼五口就這樣和睦地過下去了。從此，李耳便在陳國開始了他的童年生活。

小知識

　　鹿邑古稱「鳴鹿」、「苦」、「真源」、「谷陽」、「仙源」，元朝至元二年（1265年）改為鹿邑縣，沿用至今。境內有關老子的名勝古蹟眾多，太清宮是老子出生地留下的最重要的紀念建築。太清宮建於東漢，初名老子廟，唐朝時改名為太清宮，是歷朝歷代祭祀老子的地方。道教成立後，尊老子為教主，太清宮又成了道教祖庭，成了道教徒心目中的聖地。

高景關
中國
——李冰收伏惡龍

高景關李冰陵

大約兩千五百多年前，李冰任秦蜀郡太守，當時水患甚大，李冰帶領其子和蜀民在灌口辛勤地日夜奮戰，降服了作惡多端的孽龍，治好了水患，讓百姓過著好日子。

可惜沒多久風波又起，一位風塵僕僕的乾瘦老漢找到李冰跪地哭訴：「稟太守！小神是洛縣高景關的土地神。近月來，高景關上平白無故的冒出一座龍神廟，那廟中龍神一日要吃三牲九頭，十日要吃童男童女一對。這幾天，無人願給牠送去吃的，牠便興風作浪湧水趕石，堵在關前瀑口。把瀑口以上的紅白場、八角廟、高橋鎮，變為西海；使瀑口以下的兩岸良田，嗑口裂縫，顆粒無收。沿岸百姓，痛不欲生。小神深知太守降龍擒怪，道法高強，特地前來求救！」李冰聽罷，對土地神道：「我絕不會讓這妖

209

孽殘害家鄉父老！」於是，他即刻命人牽來一匹馬，叫土地神上馬帶路，自己率三官等文士武將直奔高景關而去。

李冰一行來到高景關下，他令三官和土地神等關下留步，自己佩戴斬龍劍獨步上關。抬頭仰望，兩山對峙，有青獅和白象堵嚴瀑口。瀑口上，一片汪洋，波浪滔天；瀑口下，一片焦黃，稻禾乾枯。懸了岩峭壁之下立著一座廟宇，斗大的「龍神廟」三字映入眼簾。陰沉沉的大殿正中坐著一尊面目猙獰、戴金盔穿金甲的龍神。這龍神頭頂上冒出一團黑氣，背後隱臥著一條張開血盆大口的惡龍。龍嘴兩旁，白骨累累，一股血腥味。李冰看了不由得一驚，這孽畜正是多年前從他手中逃脫的西海龍王敖順的九太子，不料今天在這裡相遇。

九太子一見李冰來到，本想報那一箭之仇，想想又不能與之抵擋，於是想到一條毒計，變成慈眉善目、雙手捧拳的慈航真人，站立岩石上道：「李公！你真是功德無量，我今天就來渡你成仙！」

李冰見龍神廟瞬間消失，假冒的慈航真人頭頂上仍冒著一團黑色的邪氣，生氣地抽出手中的斬龍劍，大吼一聲：「大膽！竟敢變成慈航真人騙我。看劍！」然後一劍刺去。

九太子見詐騙不成，便衝上天空，變成原身九頭龍，張牙舞爪向李冰撲來。李冰不慌不忙，唸動真言，喚出風神和火神，祭起斬龍劍，劍即變作無數把飛劍向九太子刺去。惡龍趕緊跳進黑灘子裡翻江倒海。風神吹出的神風使惡龍難睜雙眼，火神放出的神火讓惡龍皮爛肉焦。混戰了三天三夜，李冰越戰越勇，一劍劈開了黑灘子裡的巨石，殺死了惡龍。還一鼓作氣地率領將士、百姓鑿開了被惡龍九太子堵死了的瀑口。

從此，那一片汪洋成了滋潤良田的水源，瀑口以下的洛縣、彭州、漢州都因此受益，保住居民年年豐收。

　　這樣安寧的日子過了很多年，有一日，六十七歲的李冰站在高景關右側的後城治山石上放眼成都，只見千里沃野，稻穀豐收，百姓安居樂業，心中喜悅。忽聞仙風吹拂，仙樂齊鳴，見羽衣使者從天而降，道：「李公的功德，垂名天府，玉帝命我們迎接你上天！」言畢，李冰就升天為仙了。

　　後來，人們把李冰升天的那塊岩石稱為升仙臺，在不遠處建起了李冰衣冠墓，在高景關瀑口旁修建了鎮守瀑口的三官廟和祭祀李冰的大王廟道觀。每年農曆 6 月 24 日是李冰誕辰之日，這天，大王廟道觀熱鬧非常，香煙繚繞，遊人如織。

小知識

　　高景關位於四川德陽什邡城北，沿洛水上溯 10 餘里有一座著名的水利工程叫朱李火堰，是李冰繼都江堰之後，「鑿瀑口，導洛水」，造福川西平原的又一豐碑。高景關下有大王廟，是專門祭祀李冰的道觀。後城山原有後城治廟，相傳李冰在這裡成仙飛升，後人立廟，全是為了紀念李冰。

麻姑山
——麻姑成仙

麻姑山

　　在盱江西岸離縣城 10 餘里的地方有座麻姑山，相傳很早以前這山不叫麻姑山，而叫丹霞山。山中有個莊戶人家生有一女，取名麻姑，長得聰明、漂亮，十幾歲就常和嫂嫂去採菇、打柴，兩人往往同時出門，然而每次麻姑採的菇、打的柴都比嫂嫂多。

　　終於，嫂嫂好奇地問麻姑是否有人幫忙，麻姑照實說了。原來，每天都有一女童幫她採菇打柴，只是不知這女童家住何方。一天，麻姑仍舊上山採菇，遵照嫂嫂吩咐，偷偷跟在女童後面，走著走著，發現女童走到一棵大松樹下就突然不見了。回家後，她又如實地告訴了嫂嫂。嫂嫂給她出了個主意，再去的時候偷偷把一綹紅絲線繫在女童身後，再找就不難了。

　　第二天，麻姑依計而行，把紅絲線偷偷繫在女童衣後，然後再偷偷尾隨，到了那棵松樹下，女童就不見了，只見地面上露出了一綹紅絲線。早已暗中跟隨在麻姑後面的嫂嫂躥了上來，舉起鋤頭就挖，居然在地下挖出了一個紮紅絲線的人形茯苓。麻姑看著心裡不忍，哭著要嫂嫂放回原處。嫂嫂好不容易找到這個寶貝當然不肯，對麻姑說：「這是千年茯苓，吃了可強身健體，妳不取，別人也會挖掉。」

　　回到家裡，嫂嫂藉故把麻姑支開，立即生火烹煮茯苓，打算一個人吃掉。誰知茯苓還在鍋裡煮，嫂嫂就被鄰居有事叫走了。這時，麻姑回來，忽聞得一陣異香，禁不住揭開鍋蓋，舀了一點嚐——竟是從來沒嚐過的鮮美食物，小孩子一吃了好吃的就忍不住吃了個精光。等她想到嫂嫂，茯苓已經下肚，自己也飄飄悠悠，騰空而起，飛上藍天。嫂嫂回家見鍋中無物，又不見麻姑，正待尋找，忽聽麻姑在空中呼喊嫂嫂。這時，只見麻姑端坐彩祥雲之中，在向嫂嫂招手。

　　麻姑升仙後，太上老君傳授給她攘除災厄之法，能擲米成丹。麻姑每年顯靈，為窮苦鄉親除病消災，經常賜給人民豐收之年。唐玄宗時，人們建麻姑廟紀念這位仙姑，老百姓把最好的米叫麻姑米，最好的茶葉叫麻姑茶，最好的酒叫麻姑酒，把這座丹霞山，也改名叫麻姑山了。

小知識

　　麻姑山位於江西南城縣西，離城約 10 餘里，屬武夷山系軍峰山之餘脈，海拔不到一千米。為道教三十六小洞天之中的「第二十八洞天」，名曰「丹霞洞天」，是道教七十二福地之中的「第十福地」，是唯一一座既有「洞天」又「福地」的名山。相傳唐朝鄧紫陽真人在麻姑山習道修練，道士相爭來此講學，名流貴赫往來不絕，成為東南一帶道教中心。

青城山

——張道陵誅魔

青城山上清宮

　　張道陵生活在東漢末，精通斬妖捉怪之能，多年來為民除害。太上老君嘉獎他，傳給他正一盟威秘錄、雌雄寶劍一對、印章一枚，同時要他去蜀中整治殘害百姓的鬼神，許諾完成任務便可列入仙籍。

　　當時在蜀中的鬼神首領分別有八位，各管不同：劉元達施雜病給人間，張元伯放瘟流傳，趙公明則是傳痢疾，鍾子季傳瘡腫，史文業散傳瘧疾，范巨卿施妖法讓人渾身痠痛，姚公伯在酒中下五毒，李公仲專傳瘋癲病。它們帶領鬼兵到處加害百姓。

　　張道陵率領門人王長等人到了蜀中後，選中具有靈氣的青城山做法場，設置了琉璃高座列成法壇。八大鬼帥見有道士前來立刻前去攻打，箭雨狂

風，讓人睜不開眼睛。張道陵不慌不忙，用手一點，化成一朵巨蓮，鬼帥們無法進攻了。鬼兵們趕緊點起陰森鬼火，張道陵施法術，鬼火反向鬼兵們蔓延。

鬼帥們叫道：「你本在峨眉山上修道，我們井水不犯河水，為何要前來搶我們的地盤？」張道陵答：「我是奉太上老君之命前來討伐你們，免得你們再害生靈塗炭。」劉元達一聽大怒，率領鬼兵們又發動強攻，將張道陵圍在中間。

張道陵用筆在空中畫下天羅地網，鬼眾被罩住無法動彈，個個撲倒在地。鬼帥只得跪地求饒，張道陵揮揮筆，鬼眾們才又活過來。張道陵對鬼帥們說：「你們若是聽從我的吩咐，從此遠離此地，不再危害人間，則放你們一條生路。」

鬼帥們狡辯說：「降病給人間可是我們應盡的職責，怎麼卻剝奪去我們這一職責了呢？不如留下一半地盤給我們用。」張道陵自然不會答應，大聲喝令它們趕緊離開。

鬼帥們仍是不甘，第二天又來挑戰，還糾集了六大魔王，聲勢浩大，再次攻上青城山。王長見到如此陣勢驚慌失措，張道陵寬慰說：「不需驚慌，自亂陣腳，且看我如何收服這群鬼魔。」揮筆一畫，鬼眾們果然頃刻倒下，六大魔王內力深厚卻也撲倒在地，只得叩頭求饒。張道陵不理它們，用筆一砍，面前的一座山峰一劈為半，讓它們再也過不來。

六大魔王苦苦哀求道：「求道士饒命，我們魔王以後都居住在西方，再不敢前來打擾東方世界的清淨。」張道陵這才放它們回去。鬼帥們也紛紛表示願意聽從調遣，張道陵怕它們心裡還在打小算盤，便說：「你們若是不服，還有一個機會，就是過來和我鬥法，若你們贏了，便還你們自由。」劉元達等聽了自然連連說好。

張道陵命人燃起一堆火，跳入熊熊火堆中，卻幻化成腳踩青蓮出來。鬼帥們趕緊使出全力，誰知法術不靈，還被火燒著。張道陵在木、石、水、土中出入自如，鬼帥們卻無法施展，不由得惱羞成怒，變成八隻老虎向張道陵撲來，張道陵變成一隻巨獅趕走了它們。八鬼帥變成八條巨龍又攻上來，張道陵搖身一變成了專吃龍的大鵬金翅鳥，啄這些龍的眼睛，八鬼帥只得逃走。這樣互相變幻法術多時，八鬼帥眼看已黔驢技窮，張道陵用手一指，變出一塊巨大無比的石頭，用一根細藕絲懸在鬼兵們上空，還變出兩隻小老鼠上前啃咬藕絲，嚇得鬼帥們不迭求饒，表示心服口服。張道陵下令五方八部、六大魔王立即遷走，人住陽間，鬼居幽冥。

六大魔王乖乖回到酆都，八部鬼神也流放西域。只有些鬼眾還負隅頑抗，留戀四川這塊好地盤，鬼鬼祟祟不想走。張道陵怒髮衝冠，畫一幅符送上天空，片刻之間，雷電轟鳴，空中刀箭向鬼兵們飛去，嚇得它們鬼哭狼嚎，四處散逃。這場青城山人鬼大戰才算真正結束了。至今在青城山還能看到傳說中的遺跡。

小知識

青城山古稱「丈人山」，位於四川省都江堰市西南，東距成都市 68 公里，處於都江堰水利工程西南 10 公里處。東漢順帝漢安二年（西元 143 年），「天師」張陵來到青城山，結茅傳道，青城山遂成為道教的發祥地，被道教列為「第五洞天」，成為天師道的祖山，全國各地歷代天師均來青城山朝拜祖庭，因此成為中國道教發源地之一，屬道教名山。青城山於 2000 年和都江堰共同列入世界遺產名錄。

天臺山
中國
——謝自然拜師

天臺山

　　謝自然是唐朝四川的一個道姑，幼年入道門，很有天分。師父給她看各種仙經，初讀時便覺熟悉，看第二遍便能背下來。四十歲時周遊各處，求拜明師。聽人說天臺山的司馬承禎是超凡脫俗的高道，於是去拜求他收自己為徒。

　　拜師後，謝自然在山野間居住，每天都砍柴為承禎做飯，不求回報。承禎驚訝她不辭艱苦堅定不移，便對她說：「我沒有什麼道行德業，怎麼承受得起這般的供養？妳究竟想要什麼呢？」謝自然說：「我在萬里之外就嚮往師父的渡世道行，所以特地來尋求大法，以渡脫俗身，此外別無所求。」承禎雖然看她是個可造之才，但因為是道姑，素來道姑是極少有人得上乘法門的，輕易傳法，恐有損大道，所以只是敷衍著不傳大法。

又經歷若干歲月，謝自然心中嘆息道：「遇到名師又不願把我收錄在門下，莫非命中註定？每當登上玉霄峰頂，便望見滄海，蓬萊仙島想來也不遙遠，不如到那兒尋師。人間看來是求不到明師了。」於是告別司馬承禎，說是要去遊歷蓬萊仙境了。

謝自然將家資一概捨棄，只穿著件布衣，拿一席子投進海中，坐在上面在波濤中浮沉。幸而正好有新羅國的船經過，便讓她搭上船去。登船行了幾天後，見海水碧藍，日落時分，海水開始泛出陰冷的火光，船就在這火光中航行。

這樣過了一年，船遇上大風，漂到一處，只見水色如墨；過後，又漂入一片粉色的水中；接著又漂入一大片朱紅色的洋面；過了朱水，進入的洋面是硫黃一般的黃顏色。忽然風向一轉，船便進入向陽的海灣，望去有一座大山，在陽光下泛著金色。山上有草木，雲霧繚繞，也有飛禽走獸，都是黃顏色的。船上的人都上了山，見石頭不論大小，全部是硫黃。商人們於是通通扔掉別的貨物，只將硫黃裝上船。

回程中又經歷了上面提到的四種水色的洋面，但一月之後，忽然又遇上了大風。船上的人都惶恐起來。遠處海中，巨型的鯨魚噴著白霧，海中的鬼神怪獸冒出來，很嚇人。謝自然卻點上香，默默地向蓬萊島上的仙人們禱告。

一會兒工夫，船到了一座山下，見山上林木青翠，花鳥宜人，山嵐上瀰漫著清新微淡的霧氣。船長先登上山，望見遠處有許多居民房舍。謝自然心裡在想：「莫非到仙山了？」這時船長通知大家可以上岸歇宿，等待風向轉頭，再揚帆回家。大家上山之後，四散漫遊。

謝自然獨自一人走到一處，見有幾個道士，周圍的侍者身著青衣，風輕輕吹動樹木，發出金石般的和鳴，花草散發出沁人心脾的濃香，彩緞色的鸞鳳，雪白的仙鶴，碧色的雞，五彩的狗，在庭院中怡然自得，真是此

景只應天上有。中間有一個道士，戴花冠，披霞帔，狀貌端莊美麗，青衣侍者引謝自然到他面前禮拜。

道士問：「妳想到哪兒去？」謝自然答道：「想到蓬萊島去尋仙師，求個超脫凡世的法門。」道士笑著說：「蓬萊島可是連鵝毛也浮不起的弱水，從這兒去還有30萬里，船根本沒法子去，若不是飛仙，就別妄想上去。如果妳想拜師，何不找人間天臺山的司馬承禎，名諱已經記在仙籍，人仍住在赤城山，他才是優秀的師父，妳可以回去找他。」一會兒起了風，船長招呼大家上船，說是風向很順。等船帆揚起，又是一陣大風，送著船走了三天三夜，風止之後定睛一看，竟又回到了一年多前出海的臺州岸邊。

謝自然再上天臺山拜見司馬承禎，告知所經歷的實情，並請求原諒自己離開師父的過失。司馬承禎聽了她的經歷後也深有感觸，況且她也確實有悟性，便答應她幾天後擇日升壇傳授大法。謝自然歷盡艱險，回到師父身邊，終於獲得承禎授予上清大法。

後來她又回到四川，貞元年間，白日升天仙去。

小知識

天臺山是中國浙江省東部名山，多懸岩、峭壁、瀑布，以石樑瀑布最有名。天臺山以「佛宗道源，山水神秀」而譽滿中外，佛、道文化源遠流長，西方宗教也駐足天臺。尤其是佛教、道教，在歷史上有著重要的地位和影響。佛教的「天臺宗」和道教的「南宗」都創於天臺山。

永樂宮
——呂仙顯靈

中國

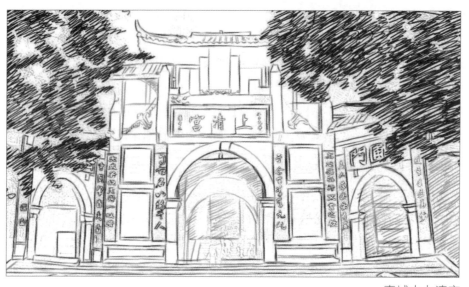

青城山上清宮

　　元世祖忽必烈帶兵南下中原，一日微服偶遊永樂，突遇一支地方武裝將他團團圍住，由於勢單力薄無法殺出重圍。忽一白衣道人飄然而至，對他說：「要得天下，勿殺吾民，仁義之師，取勝有望！」說罷，手執拂塵一甩，立即飛沙走石，對方什麼也看不清了，他才趁機衝出重圍。他感激地問道人姓名，道人說：「吾乃二口是也。」說畢就消失不見，這才知是呂仙救他。以後便嚴禁部下燒殺搶掠。得了天下後，為答謝呂仙，便在呂仙故里永樂鎮修建了這座永樂宮。

　　建宮之初，人們把廟址定在原址以北兩里遠處，在那裡堆滿了木石磚瓦，等次日破土動工。當夜，家家主人在夢中見到一白衣道人翩翩而來，禮貌地說要借牲口一用；次日早上，人們起床之後，只見自家牲口滿身大汗從外面回來。人們很奇怪，來到工地一看，只見木石磚瓦南移了兩里多遠，還有石灰撒的宮牆基址。大家這才明白，原來呂仙嫌北面地址風水不好，把地址選在此處了。

在建宮的過程中又起風波。河南有位黎財主，夜間望見河北永樂鎮珠光四射、光焰照人，似乎是地下有寶物，就渡河來到永樂鎮探看。只見鎮上梁氏兄弟在挖地基，他怕梁氏兄弟把寶挖走，就問：「你倆挖這幹什麼？」梁老大說：「我們這是在挖地基，建道觀。」財主就說：「我早年有這個心願至今未還，還是讓我們來蓋吧！」梁氏兄弟以為財主出於好意，況且他財大氣粗，就讓他蓋。財主把地基挖得很深，卻什麼也不見，只有爛磚碎瓦，但仍欲罷不能，只得硬著頭皮蓋廟宇。可惜蓋得也很不如意，前面蓋後面塌，財主只得停下來。後來有個白衣道人來說：「要築觀，梁家院。」財主後來找梁氏兄弟，在梁家院蓋起廟宇，這才把廟建了起來。

相傳建宮之初，工程用水要到三里外的黃河去擔。民工擔水累得精疲力盡，再加上瘟疫流行，許多民工染病臥床不起。後來人們聽說後崤村有一股清泉能治百病，人們為了躲災避難都到那裡去提水。但這泉水讓當地的余財主霸佔了，要價昂貴，窮人買不起。如果偷水，讓人捉住會打個半死，人們對此恨之入骨。一日，有個老道蓬頭垢面來到泉邊喝水，財主不讓喝。道人大怒，一手拔開狗腿子，舀了一罐水就跑。道人剛走，只聽一聲轟隆響，泉水就此乾涸了！財主看到搖錢樹沒有就急了，立即騎上馬去追趕，卻始終追不上。追到玉泉洞，只見道人跌了一跤，罐打破了，水流到了溝底。道人騰空而起，腳踏白雲飄然而去。只見對面崖上出現一首詩：「後崤水遷玉泉洞，長年流經永樂宮，沿途百姓提清水，醫治瘟疫建宮廷。」以後水就從玉泉洞流出，經永樂宮流入黃河，造福老百姓。

小知識

永樂宮位於山西省芮城縣城北 3 公里的龍泉村東側。始建於元朝，施工期前後共 110 多年，才建成了這個規格宏大的道教宮殿式建築群，是典型的元朝建築風格，以壁畫藝術聞名天下。永樂宮原來是一處道觀，是為奉祀中國古代道教「八洞神仙」之一的呂洞賓而建，原名大純陽萬壽宮，後因故址在永樂鎮而更為現名。

Section 5
阿拉伯人的精神泉源
──伊斯蘭教聖地

沙烏地阿拉伯

麥加
——穆罕默德誕生

麥加朝聖

在麥加，古萊氏部落的首領阿卜杜・穆塔里布喜得孫子了，那時他們部落剛剛打了一場勝戰，這孩子的出生可以說是喜上加喜。阿卜杜・穆塔里布對這個孩子的到來非常高興，為他取名穆罕默德，意思是被讚美的。這個名字是從來沒有被人取過的，當時在阿拉伯國家，大家習慣給孩子的名字加上父名或祖父名。阿卜杜・穆塔里布說：「我給他取名穆罕默德，是為了讓天上的真主保佑他，地上的人們也會保護他、尊敬他。」穆罕默德・本・阿卜杜在國家大勝的象年出世，是吉祥之兆。

在那時，阿拉伯人喜歡把孩子送到荒涼的沙漠人家去撫養成人，因為他們認為沙漠裡雖然艱苦，但是空氣清新，環境安寧平靜，不像城市裡充滿著奢華和攀比，對孩子的成長更有益，還能學習純正的阿拉伯語。當時，

在沙漠裡居住著很多奶媽，她們都爭著要餵養富人家的孩子，因為酬勞高。但穆罕默德儘管他的爺爺是古萊氏族的首領，卻依然貧寒，沒有人願意主動餵養他，還好，有一個好心的奶媽哈里瑪·賽阿迪婭懷著仁慈的心收下了他。

穆罕默德非常乖巧聽話，溫順又可愛，從來不像一些孩子一樣無理取鬧，哈里瑪非常喜歡他，和他結下了深厚的感情。就這樣過了兩年，哈里瑪要把穆罕默德送回家了。孩子的母親阿米娜見到思念已久的兒子高興極了，然而，哈里瑪心裡卻是說不出的難受──這兩年，她把全部心思都放在穆罕默德身上，怎麼捨得離開他呢？於是，她對阿米娜說：「阿米娜呀，麥加這裡太炎熱了，經常有四處傳播的疾病，對孩子太危險了，不如讓他在空氣清新的沙漠中再住上一段日子吧！這樣他就能成長為一個不怕疾病的強壯孩子了。」阿米娜拗不過哈里瑪的不斷央求，只得同意了。

穆罕默德又回到了奶媽身邊，跟奶媽一直生活到五歲。在這期間，據說有魔鬼出現了。那天，小穆罕默德和奶媽家的兄弟一起出去玩，沒想到，過了一會兒，小兄弟哭著跑回了家，哭哭啼啼地對父母說：「兩個穿白衣服的高大男人把穆罕默德強行拉走，然後有一個人抱起他就走了。」哈里瑪急得臉唰一下白了，馬上和丈夫拼命地跑到穆罕默德出事的地方，在那裡找到了驚魂未定的小穆罕默德。哈里瑪立即跑上前去緊緊地摟住了穆罕默德，並吻個不停，問道：「我的孩子呀，你可把我們給嚇壞了！剛才發生了什麼事？你沒事吧？」

穆罕默德在她懷裡說：「剛才來了兩個穿白衣服的人，他們看起來可兇啦，有個人指著我問：『是不是他？』另一個人說：『對，就是他。』然後他們就向我走來捉住我，也不讓我說話，只讓我躺在地下，解開我的衣服，一直認真的尋找著什麼東西。後來他們好像找到了什麼，就把它扔了，我都沒看清楚那到底是什麼東西。接著他們就像來的時候一樣，突然就消失了。」

發生這件事以後，哈里瑪時常為穆罕默德的安全擔憂，她害怕附近會出現壞人打穆罕默德的主意，於是只得戀戀不捨地把小穆罕默德送回給她母親撫養。穆罕默德在麥加城住了一段時間，後來又隨著母親一起去麥地那聖城探望叔伯們。他和母親在麥地那整整住了一個月，在返回麥加的途中，母親阿米娜毫無預兆地突然病倒了，很快不治去世。她被埋葬在一個叫阿拔瓦的村莊裡，座落在麥加和麥地那中間。可憐的穆罕默德只有六歲就成了孤兒了。

　　幸運的是，穆罕默德的祖父阿卜杜·穆塔里布十分疼愛小穆罕默德，他又度過了兩年無憂無慮的日子，直到祖父也撒手而去。他的伯父阿卜杜·塔里布開始撫養他，儘管家裡貧窮，伯父仍然努力地給小姪子提供最好的生活。穆罕默德也十分乖巧聽話，他開始了思考，最後成為伊斯蘭教偉大的先知。

小知識

　　麥加位於沙烏地阿拉伯西邊，全稱是麥加·穆卡拉瑪，意為「榮譽的麥加」，是伊斯蘭教先知穆罕默德的出生地，也是穆斯林每天朝拜的方向。麥加是伊斯蘭教最神聖的城市，擁有克爾白和禁寺，是伊斯蘭教的聖地，部分宗教聖地非穆斯林不得進入。麥加是伊斯蘭教石造聖堂的所在地，傳統認為是亞伯拉罕所建造的。7世紀時伊斯蘭教先知穆罕默德在麥加宣揚伊斯蘭教，在伊斯蘭早期歷史上扮演著重要的角色。

沙烏地阿拉伯 麥地那 ──真主讓穆罕默德停留在這裡

麥地那先知寺

　　穆罕默德在麥加公開傳播伊斯蘭教，有許多人皈依，麥加的反對派當然不甘心，開始加劇迫害穆斯林。穆罕默德下令穆斯林遷徙到麥地那，古萊氏部落的反對派們竟毫無察覺，大批人順利遷走了，只留下穆罕默德和他的堂弟阿里‧本‧阿布‧塔里布和他的好朋友阿布‧伯克爾，他們都是伊斯蘭教的忠實信徒。

　　麥加的反對派們聚集在大廳裡，商討怎樣對付穆罕默德和穆斯林們。阿布‧哲合里說：「乾脆就直接把他殺了吧！我已有妙計了：從每個部落裡挑出一名身強力壯的小夥子，每人帶著一把劍，然後召集他們到穆罕默德家門前。穆罕默德出門時就會立刻被所有人刺死，這樣，他的血濺到所有部落人的身上，各部落誰也不能怨誰。到時候，我們再給那些人賠償就

行了。」所有人聽了都拍手稱好，並立刻開始行動了。

　　真主阿拉知道了穆罕默德的處境危險，立即啟示穆罕默德先知，讓他遷徙到麥地那。穆罕默德馬上把消息告訴了好朋友阿布·伯克爾，阿布·伯克爾隨同穆罕默德一起準備了兩匹駱駝。那天晚上，穆罕默德命令堂弟阿里睡在他的床上迷惑敵人。半夜時，古萊氏族的年輕人把穆罕默德的屋子團團圍住，準備實施他們的陰謀。這時，真主阿拉告訴穆罕默德：「我在他們面前和後面都設置了一個障礙，來矇蔽他們，所以他們看不見你。」

　　果然，外面的人全都打起瞌睡來，穆罕默德放心地走了出去。他和朋友阿布·伯克爾一起離開麥加，朝大沙漠裡走去，最後到達了希拉山洞，躲進裡面。

　　一直在門口守候的人們清醒後發現，睡在裡面的根本不是穆罕默德，個個暴跳如雷，立即到處搜查，沒多久就搜到了希拉山洞了。這時，真主阿拉命蜘蛛到山洞口織網，又讓鴿子到洞口「咕咕」叫。阿布·伯克爾看到越來越靠近的敵人擔心地說：「穆罕默德，如果他們進來，我們很快就會被發現了。」穆罕默德安慰他說：「不要憂愁，阿拉確實是和我們在一起的。」

　　門口搜查的人果然在說：「我們進去洞裡搜查看看吧！」另一個人卻說：「你真笨，沒看到洞口密密麻麻的蜘蛛網，還有鴿子在孵蛋嗎？他們如果進來了，怎麼還能保留得這麼完整，真是不用腦子，走吧！」

　　就這樣，穆罕默德平安地度過了這一關。他們在山洞裡過了三個晚上。第四天，穆罕默德雇傭了一名嚮導，是個忠厚善良的人，叫阿卜杜拉·本·阿里格塔。他讓他們坐上駱駝，自己則行走在崎嶇不平的小路上。穆罕默德終於順利地到達麥地那。當他到達的時候，所有的人像過節日一般開心地迎接他。

他們牽著駱駝向房子走去，到了一個叫阿布·阿尤布的家面前，穆罕默德說：「但願留在這兒是真主的意願。」於是，他和阿布·伯克爾在阿布·阿尤布家裡住了下來。

穆罕默德到達後，這座城市才改名為麥地那，是光明之城的意思。

小知識

　　麥地那也釋為麥迪娜，位於阿拉伯半島希賈茲地區（今沙烏地阿拉伯境內）北部賽拉特山區中的一個開闊平地上，四面環山，海拔 620 米，屬於山區高原城市。麥地那為穆斯林國家的第一個首都，是伊斯蘭教先知穆罕默德創建伊斯蘭教初期的政治、宗教活動中心，亦是其安葬地，故為伊斯蘭教第二大聖地，與麥加、耶路撒冷一起被稱為伊斯蘭教三大聖地。該市「麥地那伊斯蘭大學」內有來自世界各地的穆斯林青年留學生就讀，規模龐大的「法赫德國王《可蘭經》印製機構」也在該市。麥地那主要聖地為先知寺，寺內有穆罕默德墓。

圓頂清真寺
——穆罕默德夜行登宵處

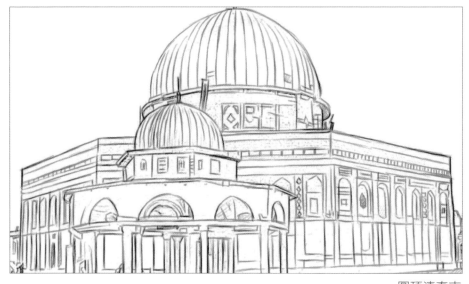

圓頂清真寺

穆罕默德做為真主派遣給人類的最後一位偉大先知，他肩負著挽救伊斯蘭事業的神聖使命，尤其當塔依夫之行後，父親艾布‧塔里布和母親阿米娜的相繼去世，加上古萊氏人的迫害日益激烈，所有這些痛苦與煩惱都同時夾雜在穆罕默德心中，在這關鍵時刻了最需要的就是真主賜予的信心、勇氣和智慧。

穆罕默德在接受啟示第十年萊傑布月的二十七日夜裡，加百列天使乘著擁有雙翅、行如閃電的天馬來到了正在酣睡的穆罕默德床前。祂輕輕地喚醒穆罕默德，請他乘上天馬，然後帶他飛到了位於巴勒斯坦的耶路撒冷城，又從那裡踏石登天，升上天空聆聽真主的天啟。在那一天夜裡，他親自體驗了和真主無限交流的經歷，目睹了存在的完美並領略到了無限的奧

秘，以及宇宙萬物的前因後果和人類的善惡結局。這一切在穆罕默德的天性中留下了不可磨滅的印象並融入他的精神中，更使他具備了十足的信心、勇氣和智慧，以擔負起真主所賦予的偉大而神聖的使命。

第二天早上，他來到天房將昨夜發生的事情講述給人們聽。無神論者聽到這些以後不停地否認和嘲笑穆罕默德，有些人為了為難穆罕默德而要求他為他們描述耶路撒冷的情況，他就詳細地告訴了他們。無神論者對這些證據仍然不滿意，他們又說：「我們還需要其他證據。」穆罕默德又告訴他們：「我在路上看到了一支駝隊正向麥加的方向前進。」並且描述了駝隊的情況，以及駱駝的數量和將要到達的時間。過了兩天，果然有一隊與穆罕默德描述一模一樣的駝隊進入了麥加城。事實證明穆罕默德非但沒有說謊，而且還是個預知未來的先知。

但是無神論者們仍舊執迷不悟，這時，吉百列天使突然出現了，祂來到穆罕默德面前教授他五番禮拜的形式和時間。在這之前的拜功，只在早晚各禮兩拜。那段時間裡，在麥加的古萊氏人使當地人遠離真理的情況下，穆罕默德將宣教的重點轉向了來麥加的外地人。與他們在途中和駐地會晤，將伊斯蘭呈現給他們，為他們講解教義。

麥地那人曾聽當地的猶太人說，一位先知的出現已經臨近了。當他們聽到穆罕默德的宣教以後，確定了這就是猶太人所說的先知，所以他們很快地皈依了。他們還互相告誡：「不要讓猶太人搶在你們的前面。」當時是六個人。第二年，又有十二名男子從麥地那來，主的穆罕默德與他們會晤，教授他們伊斯蘭的知識。當他們返回麥地那時，穆罕默德派遣了穆蘇阿布·本·歐麥爾與他們同行，去那裡教授人們《可蘭經》和教律。當他一年後返回麥加時，跟隨他前來的麥地那人達到了七十二名男子和兩名婦女。他們與穆罕默德立下援助他的宗教、服從他的命令的誓約，然後返回麥地那。

後來在穆罕默德登天的地方建起了一座金頂清真寺，清真寺內有一塊鎮寺之寶。那是一塊淡藍色的巨石，被放置在寺的中央，長 17.7 米、寬 13.5 米、高出地面 1.2 米，以銀、銅鑲嵌，銅欄杆圍著。這塊岩石上有一個大凹坑，相傳是先知穆罕默德在此處「登霄」留下的馬蹄印。

小知識

圓頂清真寺座落在耶路撒冷老城東部的伊斯蘭教聖地內，在阿克薩清真寺以北 300 米處。穆斯林稱為「薩赫萊」，意為「岩石」，故亦稱「岩石圓頂清真寺」。穆斯林稱為高貴聖殿，猶太人和基督徒稱為聖殿山。西元 687 年到西元 691 年，由第 9 任哈里發阿布杜勒·馬里克建造。數百年來，歐洲遊客稱之為奧馬爾清真寺。它的大圓頂高 54 米，直徑 24 米。西元 1994 年由約旦國王侯賽因出資 650 萬美元為圓頂覆蓋上了 24 公斤純金箔，使它擁有了名揚天下的美麗金頂。它是耶路撒冷最著名的象徵之一。

庫巴清真寺
──第一座清真寺

沙烏地
阿拉伯

庫巴清真寺

　　穆罕默德在麥加創立伊斯蘭教後，不斷受到當地無神論者的迫害，於是穆罕默德與麥加的穆斯林一同遷往葉斯里卜。西元 622 年 9 月 20 日，穆罕默德一行來到葉斯里卜城外西南約 3 公里處的庫巴鎮。這裡有一個水井，當地人稱為庫巴水井，所以這座小鎮便也以此命名。先知穆罕默德受到葉斯里卜穆斯林的熱烈歡迎，他們紛紛邀請穆罕默德一行去家裡住宿。最後穆罕默德一行在熱情難擋的白尼‧阿慕爾‧本‧奧夫家住了四天。在這四天裡，穆罕默德每天都帶領大家做禮拜，當地的穆斯林尤其虔誠。於是穆罕默德用了四天的時間在這裡蓋起了一座簡單的清真寺，也是人類歷史上第一座清真寺，取名庫巴清真寺。之後，葉斯里卜城改名「麥地那」，穆罕默德在這裡建立了最早的穆斯林政權。

庫巴清真寺是穆罕默德以虔敬為基礎修建而成的，建築過程非常簡單，只是壘起一圈圍牆。後幾經翻建，建築規模逐步擴充。寺內不許供奉任何雕像、畫像和供品，只有圍繞的柱廊。庫巴清真寺中心是一個大拱頂，主要的牆要向著麥加的方向，牆中間有一個凹下的龕，叫做米海拉布，是指示穆斯林禮拜方向的。龕中有一座帶階梯的高臺，是在主麻日時，為伊瑪目站在上面帶領誦讀《可蘭經》用的，叫敏拜爾，誦讀可蘭經時不得有音樂和歌唱。

　　約在 8 世紀建起了宣禮塔，並選用優質木材、石料等建築材料建造了拱廓、庭院等。今禮拜大殿可容納近千人，但仍保持樸素美觀特色。在清真寺大門附近有艾里斯井和藍眼泉。麥地那居民均飲用藍眼泉的水。艾里斯井又稱戒指井，係因先知的戒指被第三任哈里發奧斯曼不慎墜入井中而得名。

　　當時穆罕默德領導穆斯林在麥地那做禮拜的地方已經成為先知穆罕默德的故居，一個相當大的院子，中間只有一間小房屋，是穆罕默德的住宅，院子一邊樹立著一排棗椰樹幹做的柱子，在柱子和牆之間，覆蓋著用棗椰樹葉做的涼棚，穆斯林們可以在涼棚蔭影下做禮拜，防止曝曬的陽光，穆罕默德站在房間的門廊裡領導做禮拜。此後清真寺都是仿照這種方式來建造的。

小知識

　　庫巴清真寺位於沙烏地阿拉伯麥地那西南距城約 3 公里處，是伊斯蘭教最古老的清真寺。庫巴清真寺始建於西元 622 年，由穆罕默德親自修建。西元 1986 年，埃及建築師阿卜杜勒 - 瓦希德・瓦基勒受沙烏地阿拉伯王室所託重建庫巴清真寺，舊寺的磚瓦仍然為新寺所用，加蓋了六個圓頂和四座宣禮塔。重建後，禮拜堂周圍也增加了一些相關建築，如住所、辦公室、便利浴室、商店和一座圖書館。

伊瑪目雷薩聖祠
伊朗
——雷薩殉難處

伊瑪目廣場的宮殿

　　阿里·雷薩是伊斯蘭教什葉派十二伊瑪目支派尊奉的第八任伊瑪目。雷薩是什葉派第七任伊瑪目穆薩·卡茲姆之子，生於麥地那。他是什葉派第四任伊瑪目阿里後裔中最有影響、有魄力的人物之一。雷薩自幼聰慧，又受到父親親自栽培，伊斯蘭教的歷史、經典無不通曉，長大後在什葉派中影響越來越大，很受信眾擁護。

　　阿拔斯王朝第五任哈里發哈倫·拉希德的次子、第二繼位人馬蒙對雷薩青睞有加，常常一起交換見聞、商議時政。西元813年，馬蒙奪取其兄艾敏的哈里發王位後，為爭取什葉派對他的支持，對雷薩比平時更加友愛，並把自己的女兒嫁給了雷薩。

西元 817 年，馬蒙宣佈雷薩為自己的繼承人，並將雷薩的名字鑄在錢幣上，還以什葉派的綠色象徵代替阿拔斯王朝的黑色標誌。此舉遭到巴格達遜尼派的反對，動亂迭起。

西元 818 年，馬蒙舉兵征討巴格達以其叔易卜拉欣‧本‧馬赫迪為首的暴動時，雷薩隨同前往，途中不幸染病去世了。

雷薩死後，馬蒙似乎受到了巨大的打擊，他無比的悲痛，將雷薩厚葬於距突斯約 20 公里的一座名為薩納巴得的小村莊，與他父親拉希德葬在一起。

什葉派信徒認為馬蒙懾於雷薩在什葉派中的聲望而下毒將他害死，因此他們把這個村莊當作「馬什哈德‧雷薩」，意為「雷薩殉難處」。

為了紀念雷薩，什葉派信徒在「雷薩殉難處」建了一座聖祠。自此以後，馬什哈德便成為了什葉派的聖城，每年吸引超過兩千萬的伊斯蘭信徒前來朝聖。

由於伊瑪目雷薩之墓對伊朗人來說，有著極其重要的意義，所以雖然聖祠一直受到破壞，但歷代國王和貴族們都十分關心聖祠的安危，慷慨出資參與聖祠的修繕，不斷地修建和增加附屬建築，使墓地和周圍逐漸發展成以陵墓為中心的聖祠建築群。

西元 993 年，加茲奈維蘇丹和他的兒子穆罕默德對聖祠進行了重建。西元 1220 年，在被蒙古人摧毀後，重建馬什哈德城。

一個世紀後，馬什哈德逐漸成為伊朗北部通往中亞、阿富汗的商隊過境要道和地區貿易中心。西元 16 世紀，薩法維王朝的早期統治者宣佈什葉派教義為伊朗的國教，聖祠確立了做為什葉派在伊朗最重要的朝觀中心的地位。

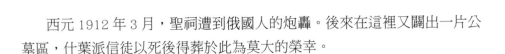

西元 1912 年 3 月，聖祠遭到俄國人的炮轟。後來在這裡又闢出一片公墓區，什葉派信徒以死後得葬於此為莫大的榮幸。

小知識

伊瑪目雷薩聖祠位於伊朗東北部霍拉桑省首府馬什哈德。西元 9 世紀初伊瑪目雷薩葬於此地，於是哈里發馬蒙在雷薩殉難處建起一座聖祠。經過歷代重修擴建，逐漸形成了包括陵墓、清真寺、經學院、博物館、醫院等的建築群，佔地 11 萬平方米。聖祠大廳的拱形圓頂高約 45 米，全部用純金包裹。聖祠前面的廣場擴建後有 135 平方米，四周繞以金銀焊製的高大柵欄。博物館內藏有《可蘭經》手抄珍本及伊朗歷代珍貴文物、工藝品等。

埃及 愛資哈爾清真寺
——聖女法蒂瑪

愛資哈爾清真寺

　　法蒂瑪是伊斯蘭先知穆罕默德的女兒，於西元 605 年誕生於麥加。穆罕默德對這個女兒喜愛有加，為她取了很多美麗動聽的名字。

　　他喜愛法蒂瑪不僅是因為她是他的女兒，還因為法蒂瑪的善良、仁慈、純潔和對阿拉的虔誠。穆聖多次對人們說：「法蒂瑪是我的一部分，誰對她不敬，就是對我不恭；誰熱愛她，就是熱愛我。」因此，法蒂瑪成為伊斯蘭世界的聖女。

　　法蒂瑪誕生的年代，社會分配極不公平，部落貴族揮金如土、妻妾成群，而平民百姓卻衣不遮體、食不果腹，很多窮人只能靠乞討為生。穆罕默德在奉阿拉之命宣傳伊斯蘭教後，極力維護奴隸和窮人的權利，重建社

238

會公正。

法蒂瑪也像父親一樣樂善好施，只要遇到需要幫助的人就慷慨解囊，寧願自己挨餓，也不讓伸手乞討的窮人空手而歸。

法蒂瑪十八歲那年與什葉派第四任伊瑪目阿里結婚時，穆罕默德用阿里的聘禮去給法蒂瑪買了一件鮮豔漂亮的新衣服，他想讓女兒在結婚這一天成為最美麗的新娘。

婚禮前一天，法蒂瑪正在做禮拜，突然有一位乞丐來到門口大聲說：「先知的後裔啊！請幫幫我，哪怕是給我一件舊衣服。」法蒂瑪本想把自己的舊衣服送給乞丐，可是她突然想起《可蘭經》第三章 92 節經文：「你們絕不能獲得全善，直到你們分捨自己所愛的事物。」她馬上改變主意，把那件穆罕默德剛送給她的新衣服施捨給了那個窮人。

到了結婚那天，穆罕默德看到女兒仍然穿著一件有十二個補丁的羊毛外衣，就去問法蒂瑪為什麼沒有穿新衣服。

法蒂瑪說：「我把新衣服施捨給窮人了。我從你身上學到了奉獻精神，你把自己的錢財全部奉獻給了窮人。那件衣服是你送給我的，我現在拿去救濟窮人也是行在阿拉的道路上，我沒有做錯。」

穆罕默德被法蒂瑪的虔誠感動了，同時他也為自己有這樣一個女兒而驕傲。

法蒂瑪本來可以舒舒服服地當一個貴族，但是因為對阿拉的虔誠和對窮人的同情，她把自己的一切都奉獻給了世人。在她出嫁的時候，穆罕默德請人幫忙來抬法蒂瑪的嫁妝。

他們抬起一盤磨和一床削過的皮子，一個棗樹皮織的枕頭，一串果核的太思比哈，一個瓦罐，一個木盆。有人哭了起來了，他問：「哎，真主的先知啊！這就是法蒂瑪的嫁妝嗎？」穆罕默德說：「這在今世的那些人

上是至多的了。」法蒂瑪的勤奮努力和對阿拉的忠心，使她成為了伊斯蘭最傑出的女性，是穆斯林婦女最優秀的楷模。

西元 632 年，法蒂瑪離開人世。以她的名字命名的什葉派法蒂瑪王朝首次在埃及慶祝了她的誕辰，以後逐步發展成為紀念日。

小知識

愛資哈爾清真寺位於開羅東南的老城區，始建於西元 970 年，是法蒂瑪王朝大將玖海爾為了紀念穆罕默德的女兒法蒂瑪·札哈拉而建。清真寺建成初期只是宗教活動的場所，西元 975 年開始講經授課，是世界上最古老的伊斯蘭大學之一。它佔地面積達 1200 平方米，寺內地面和柱子均由大理石砌成。西北門內兩側有五座宣禮塔，建築風格迥異，留下了不同建築時代的歷史足跡。禮拜殿內可容納萬餘人。

蘇丹艾哈邁德清真寺
——美麗的藍色清真寺

土耳其

蘇丹艾哈邁德清真寺

　　蘇丹艾哈邁德執政期間，土耳其正處於奧斯曼帝國最為強盛的時期。十四歲時，蘇丹艾哈邁德就構想要建一座能夠與聖索菲亞大教堂相媲美的宗教聖所，國力的強大和財力的雄厚使得蘇丹艾哈邁德從小的願望得以實現。在吉托瓦托洛克和約及對波斯人的戰事失利後，蘇丹艾哈邁德一世決定要在伊斯坦布爾建造一座偉大的清真寺以安民心。

　　蘇丹艾哈邁德命令土耳其最為偉大和優秀的建築師穆罕默德‧阿加在原來的阿伊舍蘇丹的王宮上修建了一座無與倫比的清真寺。

　　穆罕默德‧阿加的師父是回教世界最優秀的建築師錫南。他曾經把做為天主教聖地的聖索菲亞大教堂改造成伊斯蘭教聖所。他是一個虔誠的伊

斯蘭教信徒，他一直夢想著親自設計建造一座正宗的伊斯蘭教聖所。他把一身本領都傳給了他的得意弟子阿加，阿加沒有辜負師父的栽培，最終實現了這個夢想。

西元 1609 年 8 月，蘇丹艾哈邁德親自主持清真寺的動土儀式，他提出要讓這座清真寺成為帝國第一的清真寺，在建築規格的各個方面都超過聖索菲亞大教堂。

聖索菲亞大教堂有四座塔樓，新的清真寺就要有六座塔樓。但是此建議一提出就遭到了眾多伊斯蘭學者的反對，當時有六座尖塔的清真寺只有麥加的禁寺，其他地方的清真寺是不能與麥加相比的。

蘇丹艾哈邁德認為自己既然已經在阿拉面前許下了宏願就不能食言，他憑著一腔執著與虔誠執意在君士坦丁堡建造了一座與聖城麥加分庭抗禮的清真寺。

在眾多批評聲中，他寧願捐資在聖城麥加的禁寺再增建一個宣禮塔，也不願意毀掉這六座尖塔中的任何一座。因此，現在麥加的禁寺就有了七座宣禮塔，而蘇丹艾哈邁德清真寺成為世界上唯一一座有六座宣禮塔的清真寺。

蘇丹艾哈邁德清真寺的六座宣禮塔中有四座各有三個陽臺，另外兩座各有兩個陽臺，一共是十六個陽臺。據穆罕默德·阿加回憶錄上的記載，陽臺數目原為十四個，象徵著當時的十四個親王。但後來又加了兩個，據稱是包括了耶爾德勒姆·巴葉茲德的兩個兒子：埃米爾·蘇萊曼和穆薩·切萊比。建造藍色清真寺的初衷是為了和聖索菲亞大教堂競爭，但是它實際上卻在規模和內部空間的平衡方面已經超過了聖索菲亞教堂，其面積達到了 64×72 平方米。

蘇丹艾哈邁德清真寺始建於艾哈邁德在位時，西元 1617 年艾哈邁德死後，由穆斯塔法一世監督完成。

　　寺內四壁用 2 萬多塊土耳其瓷器名鎮伊茲尼克燒製的、刻著豐富的花紋和圖案的瓷磚裝飾。每當陽光從穹頂和窗戶射入，整個清真寺內似乎都充滿了藍色，「藍色清真寺」由此而得名。

小知識

　　蘇丹艾哈邁德清真寺又叫藍色清真寺、六塔寺，位於土耳其伊斯坦布爾。該寺始建於西元 1609 年，西元 1617 年建成，是奧斯曼帝國時代建築和藝術的輝煌傑作。藍色清真寺四周建有六座「宣禮塔」，是全世界唯一擁有六座高塔的清真寺。清真寺內大殿長 72 米，寬 64 米，可容納 3500 人同時做禮拜。寺外有由三十六座大小不同的墳墓構成的陵墓，中間一座是蘇丹艾哈邁德一世的。陵前是一座西元 19 世紀的大理石石面的鐘塔，後面為圖書館。藍色清真寺做為土耳其最大的清真寺，是伊斯坦布爾最受遊客歡迎的觀光勝地。

伍麥葉清真寺
——「阿拉伯戰神」薩拉哈丁

伍麥葉清真寺

　　西元 1138 年，薩拉哈丁出生於提克里克的名門望族，從小受到了良好的教育。他酷愛讀書，成為了一個很有造詣的遜尼派學者。長大成人後，他在努雷丁的軍隊裡效力。西元 1168 年，法蒂瑪王朝國王逝世，宰相沙瓦爾趁機勾結耶路撒冷和拜占庭聯軍來瓜分埃及，法蒂瑪王室向努雷丁求援。薩拉哈丁在努雷丁大軍和聯軍這次大戰中一戰成名，他做為努雷丁的主將，以一敵百，任敵人功勢如何猛烈，他都堅持守住陣地，直到援軍趕到趕走了聯軍。不久，法蒂瑪王朝成了努雷丁的邦國，薩拉哈丁成為法蒂瑪的宰相。

　　西元 1171 年法蒂瑪最後一個哈里發駕崩，薩拉哈丁的擁戴者眾，很快就登上了國王的寶座，開創出阿育布王朝。西元 1174 年，努雷丁去世，薩拉哈丁宣佈埃及獨立。他在古魯尼‧哈馬戰役中大獲全勝，從努雷丁十一

歲的兒子手中奪取了敘利亞。薩拉哈丁在北部敘利亞指揮作戰的時候，阿薩辛人因受薩拉哈丁的穆斯林敵人的唆使曾對他進行兩次暗殺。他遭人暗算，毒箭劃破了他的臉頰，刺穿了他的鎧甲，昏迷了三天三夜，最後他以頑強的毅力活了下來。

佔領阿勒頗後，薩拉哈丁遇到了一個強敵——耶路撒冷國王鮑德溫四世。這個身染殘疾的少年用他冷靜的頭腦和不按常理的戰術把薩拉哈丁殺得一敗塗地，成為這麼多年來第一個打敗薩拉哈丁的人。西元 1179 年，薩拉哈丁捲土重來，從海上對耶路撒冷國發動奇襲，擊潰了鮑德溫四世的聖殿騎士團。鮑德溫四世領兵來救但已經於事無補，他只有退回聖城耶路撒冷堅守不出。西元 1180 年，雙方講和，約定停戰兩年。其後兩年裡，薩拉哈丁的補給線打通，耶路撒冷國從此無力反攻，被迫處於守勢。沒過多久，二十四歲的鮑德溫四世也因病去世了。薩拉哈丁尊重這個曾經的對手，一直等到兩年後才發動對耶路撒冷國的攻擊。在攻入都城耶路撒冷之後，他宣佈優待俘虜，善待投降的十字軍，幫助他們安全登船返回歐洲祖國。對於曾經受到歐洲十字軍迫害和驅逐出境的耶路撒冷猶太人，他命令部下一律歡迎他們返回自己的家園。

薩拉哈丁戰勝了歐洲基督教十字軍，解放了巴勒斯坦，收復了聖城耶路撒冷，成為穆斯林歷史上的英雄，被譽為「阿拉伯的戰神」。西元 1193年 2 月 19 日，他在大馬士革感染傷寒，幾天後就去世了，享年五十五歲。他的陵墓建在大馬士革伍麥葉清真寺內，直到現在還是敘利亞首都吸引遊客的勝地之一。

小知識

伍麥葉清真寺位於敘利亞首都大馬士革舊城中央，又叫大馬士革清真大寺，是世界第四大清真寺。原址為西元 5 世紀基督教的聖約翰教堂，西元 705 年，伍麥葉王朝第六任哈里發瓦利德·本·阿卜杜勒·麥利克主持修建大清真寺，後又經歷代修繕和擴建，現在的大清真寺佔地約 3.3 萬平方米，專供伍麥葉皇室禮拜之用，為伊斯蘭教育和學術文化中心。

穆罕默德・阿里清真寺
——現代埃及之父

穆罕默德・阿里清真寺

西元 1769 年，穆罕默德・阿里生於希臘沿海城鎮卡瓦拉的一個阿爾巴尼亞家庭。

阿里從小就在信奉伊斯蘭教的氛圍中長大，對遜尼派教義十分親近和熟悉。阿里早年喪父，由其叔父和城防軍長官撫育成人。1801 年，阿里應徵入伍，曾兩次被派往埃及抗擊入侵法軍，因能征善戰被擢升為阿爾巴尼亞軍團主要將領之一，留駐埃及。

西元 1804 年，開羅人民不滿馬木路克統治，發動了第三次起義。阿里在這關鍵的時刻站在起義者一方，起義取得勝利。

西元 1805 年，埃及人民召開會議，一舉擁戴阿里為埃及總督，並建立

阿里王朝。奧斯曼蘇丹不予承認，屢次發兵來攻都大敗而歸，只有被迫承認阿里為埃及總督。

西元 1811 年 3 月 1 日，穆罕默德‧阿里以出征漢志攻打瓦哈比人為名，邀請開羅附近的馬穆魯克大小頭領及其隨從前往薩拉丁城堡出席宴會。狂妄自大的馬穆魯克頭領心想：「阿里是我扶上臺的，我一句話就能把他趕下臺，根本不足為懼。」他只帶了少數親信隨從前來赴宴，根本不知道自己已經入了阿里的天羅地網。

宴會結束後，疏於防範的馬穆魯克很快就被阿里的襲擊弄得狼狽不堪。通向大門有一道石頭壘成的高牆，前面是狹窄的下坡石階小道，當馬穆魯克們經過此處時，阿里軍隊突然從高牆上推下無數大石頭，把他們砸得死傷慘重。

一陣槍林彈雨之後，馬穆魯克一行已被全部殲滅。這就是埃及歷史上著名的薩拉丁堡屠殺事件。穆罕默德‧阿里終於掃除了自己政治道路上最大的障礙，開始大刀闊斧地推行起自己的改革主張。

穆罕默德‧阿里沒有接受過正統的教育，直到四十五歲才開始學習阿拉伯文和伊斯蘭教經典。正因為這樣，他比歷代君主更加瞭解教育的重要性。他創辦世俗學校，普及中小學教育；獎勵學術，並派遣大批留學生去歐洲學習，培養和造就出埃及第一代新型的知識份子。他的這一些改革舉措使埃及的國計民生發生了重大變化，他被認為是「唯一能用真正的頭腦」的政治家，被認為是埃及現代化之父。

西元 1830 年，穆罕默德‧阿里在薩拉丁堡南圍牆興建清真寺，足足建了 27 年，直到西元 1857 年才完成。穆罕默德‧阿里於西元 1849 年病故，葬於寺內西南角，這座清真寺也以其名命之。

西元 1831 年，穆罕默德‧阿里慷慨地把盧克索神廟內一座拉姆西斯二世的方尖碑贈送給法國國王路易士‧菲利浦，至今仍矗立在羅浮宮旁的協

和廣場上。

　　西元 1846 年，法王路易士・菲利浦送給埃及一座精美的吊鐘做為回贈的禮物。這座吊鐘在穆罕默德・阿里清真寺建成後被放在了鐘樓上。

小知識

　　穆罕默德・阿里清真寺位於開羅舊城薩拉丁城堡內。清真寺牆內外均敷以黃色雪花石瓷磚，因此又被稱為「雪花石清真寺」。此寺建於西元 1830 年，擁有土耳其式多層的圓形大拱頂和細長鉛筆似直刺雲霄的宣禮塔，是一座具有阿拔斯王朝建築風格的雄偉建築。寺院正面刻有阿拉伯銘文、《可蘭經》文和伊斯蘭教四大哈里發：艾布・伯克爾、歐麥爾、奧斯曼和阿里的名字。城堡內有埃及軍事博物館，展示埃及各歷史時期軍隊的武器、裝備等。

費薩爾清真寺

巴基斯坦

——石油大王的禮物

費薩爾清真寺

西元 1906 年 1 月 14 日，費薩爾出生於首府利雅得，他是沙特首位國王阿卜杜勒‧阿齊茲‧沙特的第四子。他從小就非常聰明，見識廣博，童年也受到很好的教育。十五歲時，費薩爾參加了父親與西德家族的戰爭，他們取得了勝利，更重要的是費薩爾因此瞭解了政治權利內部爭鬥的本質。他在這場戰爭中出謀劃策，戰功卓著。兩年後，當他回到利雅得時在首都受到了人民熱烈的歡迎。

由於費薩爾在多次解決王國危機中所表現出來的卓越才能，國王任命年僅二十歲的費薩爾以國王總代表的身分擔任外交負責人，成為沙特王國最年輕的政府高級官員。西元 1945 年，費薩爾率領代表團前往美國參加聯合國成立大會。他在「聯合國宣言」上代表其國家簽了字。沙烏地阿拉伯

成為聯合國的創始國之一。

西元 1953 年 11 月，國王阿卜杜勒‧阿齊茲‧沙特逝世，費薩爾的哥哥沙特繼位為國王，費薩爾被立為王儲。然而沙特並不具備經世之才，他統治下的王國民怨沸騰。

西元 1964 年，在許多親王和大臣的支持下，人民呼聲高漲的費薩爾被擁立為沙烏地阿拉伯王國的國王，沙特被廢黜。費薩爾透過自己驚人的天賦和努力終於使自己成為沙烏地阿拉伯王國的傑出領袖，世界歷史上著名的政治家。

西元 1938 年，沙烏地阿拉伯發現石油。從此，沙烏地阿拉伯便從一個貧窮的農牧業國家發展成為石油大國，石油逐漸成為國家最主要的經濟來源。費薩爾國王把石油所得的收入一部分用於推行大規模地工業發展和社會福利事業，一部分用於援助世界上其他的貧窮國家。他利用石油使沙烏地阿拉伯富強起來，也憑藉石油在國際上發揮重大影響。正如他自己所說：「在這塊土地上，要不是靠著天保佑，出產石油，做為沙烏地阿拉伯經濟的支柱，我們就沒有今天的進步與發展。」西元 1974 年，費薩爾被西方世界評選為世界風雲人物。

除此之外，費薩爾還到處捐資修建利國利民的新興文化產業，比如費薩爾大學和費薩爾國王伊斯蘭學術研究中心，都是在他的這一思想延續下由沙特阿拉拍贊助修建的。

其中最為人稱道的則是巴基斯坦的費薩大清真寺。它既是大師的傑作、信徒的聖地，也是石油大王費薩爾國王送給巴基斯坦的禮物，費薩爾清真寺也以他的名字命名以示紀念。這項浩大的工程始於西元 1976 年，花了十年的時間才建成，佔地約 19 萬平方米，耗資約 1.3 億沙特里亞爾。

西元 1975 年 3 月 25 日，費薩爾在在宮廷招待會上被有精神病史的姪子開槍擊中，走完了他輝煌的一生。這個消息在全世界引起了巨大的迴響，

整個阿拉伯國家都為他默哀。至今每年的這一天，沙烏地阿拉伯人都會身穿白袍聚集在皇宮外面悼念這位英明的君主費薩爾。

小知識

　　費薩爾清真寺位於巴基斯坦首都伊斯蘭瑪巴德西北部，是巴基斯坦乃至南亞地區最大的清真寺，同時也是世界第六大清真寺。由沙烏地阿拉伯費薩爾國王基金會資助，由土耳其著名設計師達羅凱設計，於西元 1982 年至西元 1986 年建成。整個寺院呈長方形，地面舖以白色大理石，大殿南、北、東三面開門。主體建築禮拜大殿是一座大跨度無柱帳篷式結構，屋頂呈八角形。殿內除可容納 1.3 萬人做禮拜外，還設有可容納 1000 多人的婦女專用禮拜廳。寺前廣場內有巴基斯坦前總統齊亞·哈克墓。旁邊的神學院為該寺的附屬建築。

札耶德清真寺
——「阿聯酋之父」札耶德

札耶德清真寺

　　札耶德生於阿布扎比最顯赫的阿勒納哈揚家族，他的父親蘇爾坦給他取名「札耶德」，意思是多福。

　　札耶德九歲時，蘇爾坦被人暗殺，阿布扎比也開始經歷巨大的歷史變遷。

　　西元 20 世紀 30 年代初，歐洲石油公司第一支石油勘探隊進入阿布扎比，札耶德成為勘探隊的嚮導。

　　他向歐洲人介紹當地的地理民風，也開始接觸到西方的先進文明。他的一生也因為石油而發生了翻天覆地的變化。

　　西元 1946 年，札耶德出任東方省省長。札耶德在沙漠上長大，從小就

知道綠色植物的重要，當上省長後，他更是帶領人們在東方省艾因區的沙漠上大量種樹和灌木。他指揮重建了地下水管道灌溉工程，極大地調動了貝都因人從事農業的積極性。

札耶德的努力沒有白費，艾因地區現在已被公認為阿拉伯世界環境最好的城市。而且這一傳統得到了繼承和發揚，近年來，又有 10 萬公頃沙漠被綠色覆蓋。

札耶德重視教育，把大學生看成「國家的真正財富」。他送出去的第一批留學生回國後已經成為現在國家的棟樑。

札耶德在他執政的 20 年裡成績卓著，西元 1966 年 8 月 6 日，他被委任為阿布達比酋長。不久，札耶德與迪拜酋長馬克圖姆合作，成立了海灣酋長國聯邦。

西元 1971 年 12 月 2 日，原阿布達比、夏爾迦、杜拜、阿吉曼、富查伊拉、歐姆古溫六個酋長國宣告獨立，制定臨時憲法，組成阿拉伯聯合大公國。札耶德任開國總統，被譽為「阿聯酋之父」。

札耶德崇尚簡樸，最喜歡穿著阿拉伯傳統的袍子，吃簡單的當地食物。但是，對於阿聯酋的建設，他從不吝嗇。札耶德第一次出訪歐洲後，就在心裡暗暗發誓，一定要讓阿拉伯人也能過著像歐洲人的生活。此後，他便開始修路、舖橋、建學校和醫院等等公共設施。

從西元 1996 年開始，他聯合阿拉伯聯合大公國境內最優秀的建築師，斥資 55 億美元，開始構建一座世界上最大的清真寺。

這座清真寺直到西元 2008 年才完成，可惜札耶德於西元 2004 年就已因病去世了，享年八十六歲。為了紀念札耶德，這座清真寺就以札耶德命名，稱為札耶德清真寺。寺前左側是札耶德的陵墓——每天都有人為他誦經，從不間斷。

這座大清真寺借鑑了不少世界上有名的清真寺的設計，呈一個方形城堡式格局，整個建築群都用來自希臘的漢白玉包裹著，廊柱上鑲嵌著來自中國工藝的寶石。清真寺內的每一個細節都極盡完美，充分表達了阿拉伯人對阿拉的虔誠信仰。

小知識

　　札耶德清真寺位於阿聯酋首都阿布扎比主島東南頂端，被譽為世界上最大最豪華的清真寺，一次能容納四萬朝聖者同時禮拜，是世界第八大清寺之一。大清真寺建於西元 1996 年到西元 2008 年，是在「阿聯酋之父」札耶德的領導下建造的。整座建築全部選用進口白玉石建造，耗資 55 億美元。主殿直徑 10 米的吊燈鑲嵌著 1000 多顆名貴寶石，純手工的羊絨地毯色彩斑斕，6000 平方米的面積居世界第一。有一面雕刻了可蘭經經文的牆壁，整卷聖典的每一個文字都由 24K 金鍍成，非常奢華。參觀札耶德清真寺的話，男士必須要穿長褲，女士則必須穿上阿聯酋婦女的傳統黑色長袍。

| 伊拉克 | 巴士拉清真寺
——歐麥爾始建營地清真寺 |

巴士拉的一間清真寺

　　歐麥爾生於西元 592 年，出身於麥加古萊什部落的白尼‧阿底氏族。西元 612 年穆罕默德在麥加公開傳播伊斯蘭教的時候，他極力反對伊斯蘭教，當他得知自己的姐姐法蒂瑪和姐夫賽義德秘密加入伊斯蘭教後，還跟他們發生過爭執。但是，當有機會親耳聆聽穆罕默德唸誦《可蘭經》經文時，他被深深震撼了，毫不遲疑地加入了伊斯蘭教。麥加的貴族也受到他的影響，相繼皈依了伊斯教。他在傳教過程中不僅資助窮人，還極力保護受迫害的穆斯林，成為伊斯蘭教的中堅力量。後來，他還將其女哈芙賽許配給穆罕默德為妻，結成了政治聯姻。

　　歐麥爾一直跟隨穆罕默德左右出謀獻策，與艾布‧伯克爾、奧斯曼和阿里並稱為穆罕默德的四大賢配。穆罕默德逝世後，他推舉艾布‧伯克爾

為哈里發，並盡心盡力輔佐他平定叛亂、開疆拓土，深得艾布‧伯克爾的器重。西元 634 年，他坐上了哈里發的寶座，成為了一個具有雄才大略和遠見卓識的政治家。

歐麥爾執法如山，十分嚴格。有一次，他的兒子阿卜杜‧拉赫曼違反教規而喝酒時，他毫不猶豫地按教法處置，毫不留情。他兒子受鞭打後，被監禁死於牢房。他常對家人說：「我已經禁止人們做某事，人們關注著你們的一舉一動，你們要是做了，人們也會跟著做；你們要是避免，人們也會避免。」

他在位的十年間勵精圖治，陸續征服伊拉克、巴勒斯坦、波斯和埃及等地，首定希吉來為伊斯蘭教紀元，並根據新的形勢需要，在伊拉克和埃及興建了一些兵營。西元 635 年，歐麥爾在布威伯戰役取勝後，命大將穆薩‧艾施耳一在這一軍事要地安營紮寨，並在附近開鑿運河與俄波拉港相連。這些兵營逐漸發展成為城市，取名巴士拉，後來巴士拉成為伊拉克南部政治、經濟和文化中心。西元 638 年，歐麥爾命艾施耳里在城內建了一處官邸和一座清真寺，這座清真寺是世界上第一座營地清真寺，稱為巴士拉清真寺。

歐麥爾要求，建造清真寺不僅要選擇軍事要地，而且還要以居民聚居地為中心，適應社會生活的需要。為此，在該寺建立前，首先建造了海雷巴、札卜奈、白尼‧薩利姆、阿茲德等七個村莊，而清真寺位於七個村莊的中心。巴士拉清真寺最早建造在一塊空地上，四周用蘆葦做的籬笆圍起來，後由巴士拉地方長官艾布‧穆薩‧艾什爾里用土坯和泥重新修建了這座大寺。伍麥葉王朝哈里發穆阿維葉時期的齊亞德則擴建用磚重修了大寺。

西元 644 年 11 月 3 日，歐麥爾和往常一樣，到清真寺帶領大家禮晨禮。他走到禮拜隊伍的最前面，轉身向眾人道：「請站齊。」然後面向卡爾白唸了一聲「真主至大」，隨即進入了聚精會神的禮拜狀態。清真寺裡，眾

256

人都全神貫注地禮拜，沒有任何戒備和防範。早已伺機謀殺的刺客從歐麥爾背後用匕首猛刺六刀，然後邊跑邊揮刀砍向前面的每個人，一連刺死好幾個人。等眾人把兇手捉住時，兇手卻自殺了。這時大家才發現歐麥爾倒在地上，嘴裡不停地說道：「這一定是阿拉的定然！」然後他掙扎著帶領大家繼續禮拜，做完了晨禮才被抬到家裡。三天後，歐麥爾與世長辭，享年五十三歲。

小知識

　　巴士拉清真寺位於伊拉克東南部巴士拉省之阿拉伯河西岸離港口約 10 公里處，建於西元 638 年，現僅存遺址。巴士拉清真寺為中世紀阿拉伯人在被征服地區最先修建的清真寺之一，是在阿拉伯半島以外建立的第一座清真寺，是伊拉克伊斯蘭教最古老的清真寺。中世紀巴士拉清真寺做為宗教及學術文化中心，培養了不少著名伊斯蘭學者，莫爾太齊賴派始形成於該寺。著名聖訓學家哈桑·巴士里等曾在該寺講學。以阿拉伯語言大師哈利勒·本·艾哈邁德及其弟子西拜韋為代表的巴士拉語言學派亦發源於該寺。

科爾多瓦大清真寺
——古萊什族之鷹

科爾多瓦大清真寺

　　阿卜杜・拉赫曼為阿拉伯伍麥葉王朝第十任哈里發希沙姆之孫，為柏柏爾女奴所生。

　　自幼在大馬士革宮廷受到良好的宗教和文化教育。西元 750 年，伍麥葉王朝被阿拔斯王朝所取代，他躲過阿拔斯人的搜捕屠殺，偽裝出逃，途經巴勒斯坦和埃及，歷經艱辛，於西元 755 年到達北非休達，在母族柏柏爾人的羅斯圖姆王朝的宮廷中避難。

　　為重振伍麥葉王室，周密策劃，先派遣隨從白德爾渡海到西班牙，與敘利亞舊部軍隊談判，和葉門阿拉伯人進行聯繫，並取得當地阿拉伯人的支持，形成一支強大的力量。

西元 755 年末，率柏柏爾人組成的自衛隊在格拉納達南部海岸登陸，附近諸城守軍開門迎降。

西元 756 年初，率部從塞維利亞北進，於同年 5 月與阿拔斯王朝駐西班牙總督優素福決戰於瓜達爾基維爾河畔，優素福敗逃。他攻入科爾多瓦，自稱埃米爾，建立後伍麥葉王朝。他在當時並不敢自稱是哈里發，只是叫埃米爾。埃米爾在阿拉伯語中有軍事統帥的意思，最早用於稱呼哈里發派駐在外的軍事統帥及各地總督。不過，隨著阿拉伯世界的政權分裂，許多埃米爾自立為王，如今的埃米爾也可指國家元首了。

西元 757 年，下令停止聚禮日為阿拔斯王朝哈里發祈禱。後又追奔逐北，攻陷托萊多城，徹底消滅了優素福的殘餘勢力。把分散的伊斯蘭教力量聯合在一起，組建了一支訓練有素的約 4 萬多人的軍隊，加強中央集權。並曾先後擊退阿拔斯王朝新總督阿拉·穆伊斯的軍事進攻和基督教法蘭克查理大帝軍隊入侵，從而控制了安達盧西亞的局勢。

西班牙全境初定後，著手國內的經濟、文化建設。下令整修城市，開鑿運河，引種稀有植物，改進農業技術，鼓勵商業貿易，自鑄統一銀幣。致力於伊斯蘭文化運動，在各地建立宗教學校，傳播遜尼派教義和教法，推廣阿拉伯語，獎勵學術研究。對異教徒採取寬容政策，允許基督教徒和猶太教徒在遵守法紀和繳納人頭稅的情況下，自由進行宗教活動，佔有財產和從事正當職業。大量底層基督教徒和奴隸皈依伊斯蘭教，促進了伊斯蘭教的廣泛傳播，史學家譽其為「古萊什族之鷹」。

西元 786 年前後，阿卜杜·拉赫曼一世想要使科爾多瓦成為與耶路撒冷聖城匹敵的偉大宗教中心，在羅馬神廟和西歌德式教堂的遺址上修建了這個清真寺，科爾多瓦逐漸成為西方伊斯蘭教的教育和文化中心。後來經過拉赫曼二世和哈卡姆二世擴建，大清真寺面積已比初建時擴大了 2 倍，一次就可容納 2 萬多信徒從事宗教活動。

西元 1236 年，費迪南三世趕走了摩爾人，並且因加盟信奉基督教的卡斯蒂利亞王國，致使科爾多瓦陷入長期衰落。在查理五世統治時期，皈依基督教的大清真寺被改造成一座教堂。

小知識

科爾多瓦大清真寺位於西班牙南部古城科爾多瓦城羅馬橋北面，建於西元 786 年，由後伍麥葉王朝首任埃米爾阿卜杜‧拉赫曼一世主持建造，後經歷代哈里發加以擴建。科爾多瓦大清真寺成為僅次於麥加和耶路撒冷的朝聖之地，被譽為「西方伊斯蘭教的克爾白」。

哈里發阿卜杜‧拉赫曼三世執政時，在該寺創辦同名的伊斯蘭大學，經哈里發哈凱姆二世擴建和資助，成為伊斯蘭世界最早的高等學府。西元 1236 年，基督教國王菲迪南德三世奪回科爾多瓦後，將清真寺改為基督教升天聖母大教堂。至今，教堂保留著伊斯蘭教遺跡。西元 1974 年，經伊斯蘭教和基督教人士會談，商定該教堂對穆斯林旅遊者開放，並允許在殿內祈禱禮拜。

Section 6

恆河孕育的神秘文明
——印度教聖地

瓦拉納西
——古老的「印度之光」

瓦拉納西

　　瓦拉納西以前稱為貝拿勒斯，1957 年改為現名，它享有「印度之光」的稱號，今天，瓦拉納西在印度雖然屬於一座中等城市，但它卻是印度恆河沿岸最大的歷史名城。

　　其實現在仍有許多人習慣使用其英式寫法「巴納拉斯」或是「貝納勒斯」來稱呼它，而聖地朝拜者們卻喜歡稱其為「凱西」，因為在三千年前，佛祖曾在稱為「凱西」的城邦外進行了他的第一次傳教，也有由濕婆神之光而得名的「發光體」。六千年前，中國的高僧玄奘到訪這裡，看到這裡是「天祠百餘所，外道萬餘人」的繁華景象，可惜經過時間變遷，這古城卻沒留下任何古蹟。

　　傳說，濕婆神在與妻子帕爾瓦蒂結婚之後，就離開了在喜馬拉雅的住所，然後來到凱西與其他神居住在一起。曾有一段時期，濕婆神由於遭受迪沃達薩王的驅逐，只好派遣了祂的兩位信徒布拉瑪和維須努進行傳教，最後定居在由祂的虔誠門徒卡拉巴拉夫和丹達帕尼保護的地方。三百五十餘名神和女神加上一個保護環構成了一座曼荼羅壇場，而位於場中心的就是有名的濕婆神。

　　在瓦拉納西，城市裡有普通城市那樣的人來人往，也有不少動物在城裡穿梭生活，祂們看起來早已融入了城市生活，呈現出人畜共存的和諧狀態。而關於動物，印度教也有不少傳說。例如：猴子之所以能納入眾神之中，是因為在史詩《羅摩衍那》裡，羅摩王子在和惡魔羅婆那作戰時，在千鈞一髮之際得到猴軍相助，取得了最後勝利。從此以後，猴子就被納入諸神當中，受到人們敬奉。

　　而瓦拉納西城裡最常見的聖牛又是怎麼納入眾神中的呢？

　　傳說，牛是濕婆神的坐騎，也是祂的麾下，還是人稱「南蒂」的生殖之神。牛以創造之神、脾氣溫和的毗濕奴為本，在世間遭遇災難時，會變身為世間生物拯救生靈。其化身有十種，第八種化身黑天神擅吹笛，有迷惑女性的魅力。

　　印度教徒的人生有四大樂趣：住瓦拉納西、結交聖人、飲恆河水、敬濕婆神，其中有三項都會在瓦拉納西實現。唐朝高僧玄奘歷經千辛萬苦要到的極樂西天指的就是瓦拉納西。

　　美國著名小說家馬克‧吐溫對瓦拉納西的傳說和聖事也十分著迷，他曾經在自己的文章中寫道：「瓦拉納西比歷史還要悠久，比傳統還要古老，比傳說還要久遠。即使把它們所經歷的時期湊在一塊兒，還是達不到瓦拉納西的一半。」

　　瓦拉納西位於印度北方邦東南部，座落在恆河中游新月形曲流段左岸，該市有各式廟宇 1500 座以上。主要名勝古蹟有：恆河浴場、印度金廟、杜爾迦廟、印度之母廟、拉瑪王廟、貝拿勒斯印度大學、新印度金廟、林訥格爾堡。

　　河岸附近的街頭巷尾，到處樹立著象徵濕婆的神柱，為印度教徒所頂禮膜拜，是印度教聖地。釋加牟尼初轉法輪的鹿野苑就在瓦拉納西附近，耆那教的兩個教長也誕生在附近，故該市已成為印度教、佛教、耆那教的重要聖地。瓦拉納西享有「印度之光」的稱號，是印度恆河沿岸最大的歷史名城，相傳六千年前由做為婆羅門教和印度教主神之一的濕婆神所建。

| 印度 | 恆河
──帕爾瓦蒂苦修感動濕婆 |

恆河

在印度教中，「恆河的降臨」是一個有關印度教主神濕婆的神話故事。

那時，眾天神被魔鬼多羅迦所困擾，沒有任何神能打贏這可怕的魔鬼。預言說，只有濕婆與山神的女兒所生的孩子才能摧毀此魔鬼。適逢濕婆沉醉於打坐入定的苦行之中，意志十分堅定，早把一切對人生享受的慾望都置之度外了，如果硬要他與某個女神結合生子，機會實在是太渺茫了。然而，人多智慧高，眾神經過商討，為了拯救蒼生，決定請雪山神女帕爾瓦蒂去辦這件事。

帕爾瓦蒂來到濕婆的苦行地，想方設法吸引濕婆大神的注意，可是濕婆始終沉醉於自己的修行之中，對外面的世界一概不理。

連愛神都試圖幫助帕爾瓦蒂。當愛神來到時，原本荒涼肅穆的雪山變

成春風和煦，花草叢生，河流潺潺，連各種動物如小鹿、黑熊都開始尋找著伴侶，大地一片生機勃勃。可是溫暖的春風還是沒有讓濕婆動容，祂依舊是眼皮都沒抬一下，繼續兀自苦修。

帕爾瓦蒂風情萬種地來到了濕婆面前，愛神抓住機會，舉弓搭箭。濕婆感到自己內心竟然有一種情感的悸動，不由得睜開了眼睛——原來是愛神正在拿愛之箭對準自己。憤怒的他用第三隻眼也是智慧之眼噴射出火焰，將愛神燒成了灰燼。直到後來才在濕婆妻子的請求下得以復活其精神。

最後，帕爾瓦蒂意識到用女性之美根本不可能感動濕婆，她想到了最困難卻最可能成功的辦法，那就是追隨濕婆進行苦行，希望能夠日久生情。於是，祂去除掉身上華麗的裝飾，變成了一個樸素的女修行者，在雪山的另一座峰頂上苦修。

濕婆的世界裡從此多了一個人。注意到祂苦修時的執著，漸漸地，濕婆神果然被祂的精神所感動，答應了帕爾瓦蒂的請求，與她結合了。

神仙辦事不同凡響，誰都沒有想到，祂們的結合竟達一百年之久；更加強悍的是，祂們中間從未間斷或是休息。濕婆神雄壯的精力使眾神感到極為恐懼。濕婆的精液化成恆河之水，祂們擔心恆河之水太過氾濫，會沖毀大地。在眾神的請求下，濕婆答應自己垂頭頂著讓水從祂盤成了犄角狀的頭髮上流過，然後才流向大地。之後，恆河之水潺潺地從天而降。

經過了重重波折，祂們的結晶在波光閃閃的恆河之中誕生了，祂長大之後成為戰神，摧毀了魔鬼多羅迦。

小知識

> 恆河位於印度北部，是南亞的一條主要河流，它橫越北印度平原，流經北方邦，匯合其最大支流亞穆納河，再流經比哈爾邦邦、西孟加拉邦，最後注入孟加拉灣。恆河自遠古以來一直是印度教徒的聖河，大多數印度教信徒終生懷有四大樂趣之一，就是到恆河洗聖水澡並飲用恆河聖水。

印度 阿魯納恰爾聖山濕婆神廟
——舞王濕婆神

<u>舞王濕婆神</u>

　　濕婆的愛妻薩蒂死後，濕婆十分沮喪，祂終日遊蕩在達魯瓦那叢林中，學會了跳舞。當祂翩翩起舞時，三隻眼睛同時睜開，洞悉過去、現在和將來。四隻手臂輕輕舒展，前兩臂捏一個手印，後兩隻手分持小鼓和火焰。祂時而輕抬左腳，時而踢動右腳，獨立於火焰的光環之中，腳踏一個小人，表現出征服者高高在上的姿態。

　　濕婆的舞姿十分富於節奏的美感，舞蹈中的濕婆更加顯得神采飛揚。當祂裸身跳起放浪形骸的阿南達舞時，達魯瓦那叢林中苦修者的妻子們馬上被強烈地吸引了，任憑她們的丈夫在一旁呵斥也絲毫不能移開目光。

　　濕婆的舞蹈挑動了苦修者的嫉妒之心，他們要求祂立刻停止舞蹈。濕婆被喋喋不休的苦修者激怒，跳起可怕的坦達羅舞來，整個達魯瓦那叢林

幾乎在祂的狂舞中毀滅。苦修者忍無可忍，終於決定聯合起來詛咒濕婆永遠失去祂的林伽。咒語應驗了，濕婆神的林伽掉了下來。苦修者正等著看濕婆的笑話，卻不料林伽落到地上的一瞬間卻突然變長變大，長成了一座直沖霄漢的高塔，屹立在阿魯納恰爾山上。

此時，毗濕奴和梵天正在為誰是最重要的神祇而爭論不休，突然發現天空中出現了一根巨大的火柱。祂們想誰先找到火柱的來源誰的法力就最大。說時遲那時快，梵天變成一隻鴿子沿著柱子向上飛了一千年，毗濕奴變成一頭大鯨跳進水裡向下游了一千年，最終兩個人都沒有找到火炷的盡頭。最後，濕婆現身，祂們才知道這根柱子是濕婆的林伽。

梵天不服氣，聲稱自己已經到達林伽的頂峰。毗濕奴則承認自己未能找到林伽的根基。濕婆對說謊的梵天毫不手軟，馬上把祂的創世神力取消了。誠實的毗濕奴獲得了濕婆的讚賞，毗濕奴請求濕婆留下一部分林伽，濕婆便把一部分林伽留在阿魯納恰爾山上，成為象徵濕婆神降臨的「火林伽」。

從此，阿魯納恰爾山成為了印度教徒心目中的聖山。每年 8 月，廟中都會舉行隆重的迪帕姆節慶祝濕婆的降臨。節日持續十天左右，人們點燃巨大的煙火跳起當地傳統的婆羅多舞，祈求濕婆的降福。

小知識

　　阿魯納恰爾聖山位於印度南部的泰米爾納德邦，高約 980 米，是印度最受人矚目的聖地。山上的濕婆神廟至少已有兩千多年的歷史，是印度南部最大最古老的寺廟之一。中央神殿供奉著濕婆的化身，一側是氣勢恢宏的九座門塔。門塔建於西元 10 世紀到西元 16 世紀之間，類似金字塔結構，高近 60 米，共 13 層。林伽，即印度教崇拜的男性生殖器像，呈圓柱形，以象徵女性生殖器的約尼為底座。林伽象徵濕婆，約尼象徵濕婆的妻子帕爾瓦蒂。在印度的寺廟中經常能看到用鮮花、清水、青草、水果、樹葉和乾米供奉的林伽。

印度

克里希納神廟
——守護神的化身克里希納

克里希納誕生節慶祝場景

在克里希納出生之前，人間魔道昌盛，道義不存。大地之母無法再容忍下去，祂來到創造神婆羅摩面前，想得到毗濕奴的援手。不久毗濕奴來了，祂答應了大地之母的請求，並且安慰祂說：「一切都會好起來的，不久克里希納便會在人間誕生。」毗濕奴從自己身上拔下一根黑毛，宣稱黑毛將成為提婆吉的第八個兒子，名叫克里希納。

提婆吉是馬圖拉國王坎薩的姐姐，坎薩被預言將死於他的姐姐提婆吉的兒子之手。於是，邪惡的坎薩殺了提婆吉的七個孩子。提婆吉生下第八個孩子克里希納時，將他私帶出宮送到遠方的一個村落。國王派出追兵，情勢危急。這時候牧民難陀剛好生了一個女兒，這個女嬰代替克里希納遭到了殺害。而出身高貴的克里希納從此成了難陀的養子。他在耶穆納河邊與一群牧童一起長大，喜愛邊放牛邊吹笛，也常和牧牛女嬉戲，特別惹人

喜愛。

　　有一次，牧人難陀聽信克里希納的勸告不再給天神因陀羅上供。因陀羅因此大發脾氣，一連颳了七天的狂風，下了七天的暴雨，還有冰雹，想給難陀一點顏色看看。但是這一切都沒有得逞，克里希納單手托起牛增山，舉了七天七夜，難陀和他的牛羊全都安然無恙。因陀羅見識了克里希納的神力，只有甘拜下風，並尊稱克里希納為牛主。

　　等克里希納長成一個健壯英俊的青年，他衝進城去殺死國王，救出了被囚禁的父母。後來，他帶著父母與妻子前往阿提阿瓦半島的西部海岸，在今天古吉拉突邦的德瓦爾卡建立了自己的宮殿。

　　森林中的牧女都視他為英雄，開始狂熱地愛戀著他。夜晚，每當克里希納吹起笛子，牧女們總是不顧父兄的阻攔也要與克里希納相會。牧女們和克里希納在一起唱歌、跳舞，通宵達旦。據說克里希納有一萬六千種力量，全部化身成女子，因此他必須娶一萬六千個妻子才能擁有足夠的力量，其中最美麗的妻子叫羅陀。

　　每年的9月和10月，是印度教的重大節日克里希納誕生節。在這一天，信徒們會齋戒、沐浴，唱頌詩，祭拜克里希納神。還會模仿克里希納兒時與小夥伴偷廚房上掛的食物的方法——疊羅漢，這已經成為慶祝克里希納誕辰的一項傳統活動。

小知識

　　普里位於印度東海岸奧里薩邦，以建於西元11世紀末期的克里希納神廟著稱，是印度教聖城之一。克里希納是毗濕奴的第八個化身，但是比其他化身都重要得多。他既象徵了光明與正義，又是宇宙一切的泉源，是最高的神。他經常以吹笛牧童形象出現，而又擁有神通法力，這種反差也成為他受人愛戴的原因。另外，也正是因為這個原因他的故事頗能引起孩子們的共鳴。

阿馬爾納特洞
——濕婆神的住所

印度

阿馬爾納特洞附近

傳說中的濕婆三眼四手，面目猙獰，手持三叉戟，身上僅著獸皮或樹皮。祂既冷漠又熱情，既殘暴又善良，既是熱愛舞蹈的世俗男子又是清心寡慾的苦行者。祂是印度教中世間萬物最初的創造神，也是掌管時間輪迴的毀滅之神。

濕婆來到人間，跟雪山女神帕爾瓦蒂結婚，祂們的兒子就是象頭神伽內什。祂們一家三口住在阿馬爾納特的一個山洞中。有一天，濕婆正在向祂的妻子傳授生命與永恆的本質，講述了祂自己做為永生和不死的永恆存在的奧義。不料祂們智慧的對話被住在洞頂的一對鴿子聽到了，於是牠們不停地繁殖，沒過多久時間，整個山洞都被鴿子佔據了。

一個叫做布塔馬利克的喀什米爾牧羊人發現了濕婆居住的阿馬爾納特洞。牧羊人趕著羊群走得離村莊太遠迷了路，羊群都被凍死了。他又冷又

餓，生命垂危。濕婆給了他水和食物，還給了他一包東西，囑咐他到家以後才能打開。牧羊人覺得這包東西很輕，便隨意背在了背上。回到家他打開包袱一看，竟然是一包沉甸甸的金幣。牧羊人這才知道送包袱給他的是個聖人。他跑回山洞，卻再也找不到濕婆，只留下一個冰川做成的林伽，這是濕婆神的象徵。還有另外兩個林伽，是濕婆的妻子帕爾瓦蒂和象頭神伽內什的象徵。牧羊人相信自己遇見的就是濕婆，阿馬爾納特洞就是濕婆和祂的家人的住所。這個消息越傳越廣，不久，阿馬爾納特洞就成為印度教的朝聖地。

還有一個傳說，據說阿馬爾納特洞所在的喀什米爾山谷以前是一大片湖泊，一個印度教徒想要把湖裡的水引到山下。他在湖的周圍挖了很多水渠，湖水就沿著這些溝渠流下山去。當湖裡的水位下降時，阿馬爾納特洞露了出來。他在洞裡發現了三個冰筍一樣的林伽。神奇的是，這三個林伽每年5到8月期間逐漸增大，其餘時間則會慢慢變小。此消彼長，周而復始，直到今天林伽仍然屹立不倒。印度教徒們相信，這正象徵了永恆不死永遠存在著的濕婆。

小知識

阿馬爾納特洞位於喀什米爾山區，每年的7月和8月是印度最重要的節日之一——阿馬爾納特節，節日將持續45天。朝聖者在節日期間向濕婆神表達敬意，祈求得到濕婆神的保佑。每年都會有成千上萬的印度教徒登上3800多米的喜馬拉雅山脈前來馬爾納特洞親眼見證濕婆的象徵物林伽，即使旅途中充滿了艱辛和危險，也不能動搖他們朝聖的決心。對他們來説，透過苦行能得到意想不到的精神提升，對虔誠的印度教徒來説可謂是一生最為寶貴的體驗。

賓達巴西尼廟

尼泊爾

——堅貞不渝的雪山女神

賓達巴西尼廟

　　濕婆的第一任妻子是薩蒂。薩蒂是梵天之子達剎的女兒，達剎很不喜歡濕婆，所以在選婿名單上根本就沒有濕婆的名字。薩蒂無奈，只得向遠方的濕婆禱告。結果在扔出選婿的花環的時候，濕婆突然出現一把接住了花環。濕婆和薩蒂結婚之時眾神雲集，達剎進門時所有的眾神都起來向祂行禮，但是濕婆卻沒有向丈人行禮。達剎很不高興，於是過了幾天，達剎宴請眾神，唯獨沒有請自己的女婿濕婆。薩蒂找父親理論，結果梵天不但不認為自己有錯而且當著眾神的面羞辱了濕婆一番，眾神哄笑一堂，薩蒂羞憤難當投火自盡。濕婆聽聞愛妻的死訊，悲憤交加，不但把達剎的頭砍了下來，而且還遷怒於眾神，直殺得血流成河才甘休。

報完仇後，濕婆抱著愛妻的屍體狂舞起來。大地震動，江河氾濫，世界一副末日景象。濕婆萬念俱灰，遁入喜馬拉雅山潛心苦修。一萬年後，薩蒂轉世成了雪山女神帕爾瓦蒂。祂仍然像前世薩蒂一樣深愛著濕婆，可是這時的濕婆已經修練到無情無慾的境界，任祂貌美如花熱情似火，祂始終都無動於衷。帕爾瓦蒂沒有灰心，祂請求愛神的幫助，施法讓濕婆愛上祂。愛神躲在樹叢裡向濕婆射出了綁了帕爾瓦蒂頭髮的愛情之箭，就在馬上要成功的時候不幸被濕婆察覺。祂睜開代表毀滅的第三隻眼，瞬間就把愛神燒成了一堆灰燼。

雪山女神仍然不死心，這次祂決定與濕婆一起苦修，無論如何都要陪伴在祂的身邊。濕婆想把祂趕走，但是祂寧願馬上死去也不願意離開。為了證明自己對濕婆忠貞不渝的愛，祂對自己實行了最為嚴酷的苦修。

一天，一個婆羅門經過此地，聽聞帕爾瓦蒂苦修竟然是為了得到濕婆的愛情，不禁放聲大笑起來。祂不停地嘲笑侮辱帕爾瓦蒂，帕爾瓦蒂沒有辦法只有緊閉雙眼，使勁捂住自己的耳朵。突然，婆羅門的聲音嘎然而止，帕爾瓦蒂睜開眼睛一看，婆羅門已經化成了一縷青煙，眼前出現了濕婆高大的身影。濕婆對祂說：「從今天起，我就是祢用苦行買下的奴隸。」濕婆終於也愛上了帕爾瓦蒂。祂們結為夫妻，並且生下了一個孩子，就是象頭神伽內什。

有一次，濕婆與伽內什產生了很激烈的爭執，帕爾瓦蒂站在了兒子這邊，濕婆妒嫉自己的兒子，一怒之下把帕爾瓦蒂貶為了凡人。帕爾瓦蒂消失的一瞬間濕婆馬上就後悔了。祂到人間尋找了愛妻一千年。一千年後，轉世的雪山女神出生在一個小漁村。濕婆叫人變成兇惡的大魚在海裡興風作浪，漁民們無法出海捕魚，但是卻沒有一個人敢去跟大魚較量。於是村長宣佈，誰能殺死大魚就把全村最美麗的女孩，也就是雪山女神的轉世嫁給他。這個時候，濕婆馬上變成一個強壯的漁夫，殺死了大魚，再次把雪山女神娶回了家。

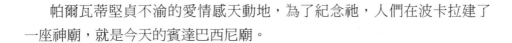

　　帕爾瓦蒂堅貞不渝的愛情感天動地，為了紀念祂，人們在波卡拉建了一座神廟，就是今天的賓達巴西尼廟。

小知識

　　波卡拉位於加德滿都以西 200 公里，海拔 827 米，是一座風景宜人的雪山小鎮。賓達巴西尼廟已有一百多年的歷史，因為供奉著濕婆神忠貞不渝的妻子帕爾瓦蒂，而成為了尼泊爾家喻戶曉的「愛情廟」。尼泊爾的新婚夫妻都會到賓達巴西尼廟祈福，求帕爾瓦蒂保佑他們愛情堅貞、婚姻幸福。賓達巴西尼廟每天都會用動物的血來祭祀，重要儀式時則用水牛祭祀。因為濕婆的坐騎是黃牛，是神聖不可侵犯的，而水牛在印度教中則是惡魔的形象。

黑風洞

——蘇巴馬廉王鎮鬼神

黑風洞

　　傳說很久以前，黑風洞一帶的村落常常會有小孩無故失蹤，老人說洞裡生了妖魔，每天清晨和黃昏都能看到一股黑煙飄進飄出，那就是妖魔出來捉小孩吃來了。村民留心察看，果然每天清晨和黃昏都能看到黑煙。村民惶惶不可終日，都生怕自己的孩子有一天也會落到妖魔的手中，於是大家紛紛把孩子寄養到遠方親戚家。但是那妖魔總有辦法從很遠的地方捉來小孩。

　　有一天，一隊印度教徒踏上婆羅洲來到了這座山下。他們聽聞洞裡有妖魔作祟為害一方，便決定在山下建一座印度教的神殿來鎮壓妖魔。當地村民眾志成城，有錢的出錢，沒錢的出力，用了不到一年的時間就把這座

神殿建造起來。

神殿落成的那天正好是印度教的大寶森節，是印度教徒對濕婆神的兒子戰神穆盧干王，也稱為蘇巴馬廉王舉行的奉獻祭禮。每個信徒都帶著掛滿鮮花和水果的枷鎖向戰神許願。

印度教信徒背著枷鎖，踏著兩百七十二層臺階，登上吉隆坡的黑風洞，將枷鎖放在神明腳前跪著誦經請願，虔誠呼喚戰神來拯救一方百姓。第四天清晨，一股黑色的旋風從洞裡一飛沖天，原來是一條長十餘米的大黑蛇和一群蝙蝠。

只見牠頭上長出兩隻角，全身發出陰森森的黑光，一聲長嘯轉眼就消失得無影無蹤。就在這個時候，一尊通身發出金光的大神從天而降，信徒盡皆俯身跪拜。這就是戰神蘇巴馬廉王。

祂曾經在祂的父親濕婆神的幫助下打敗了惡魔蘇拉帕曼，而現在祂揮舞著鋒利的長矛再次迎向這條黑色大蛇。戰神與大蛇在空中天人交戰，信徒在地上不停地跪拜祈禱，村民們也從家裡拿來了鑼鼓，敲鑼打鼓地給戰神助威。足足鬥了一天一夜，蘇巴馬廉王終於把黑色大蛇殺死，為民除害，保衛了一方水土。

雖然再也沒有孩子無故失蹤了，但每天清晨和傍晚洞裡仍舊會有一股黑煙飄進飄出。

直到很久以後，有一個來自中國的商人，他爬進山洞終於真相大白。原來這股黑風並不是什麼妖魔，而是洞內聚集成群的燕子和蝙蝠。牠們每天清晨飛出洞覓食，傍晚便成群歸來，遠遠望去就像一股黑煙似的，黑風洞也是因此而得名。這個商人心明眼亮，馬上看到了商機。他雇了當地村民攀上岩壁摘取燕窩，再帶回中國，從此發了大財，馬來西亞的燕窩也出了名。

自此以後，黑風洞附近的村民都信奉了印度教，山下的神殿也一直供奉著

戰神蘇巴馬廉王的神像。

　　越來越多的印度人來此居住，在山下自成了一個「印度村」。蘇巴馬廉神因為保護了孩子，也成為當地的生育之神，黑風洞也成了無數善男信女求子的神洞。

小知識

　　黑風洞位於吉隆坡市以北 11 公里，是一個神秘的鐘乳石洞穴群，有「馬來西亞大自然奇觀」、「石灰岩的夢世界」之譽。黑風洞有光、暗兩洞，在光洞附近的一個溶洞中有多座印度教神殿，因此光洞也被稱為廟洞。這些廟宇大多建於西元 1891年前後，供奉著戰神蘇巴馬廉王。洞內有成百座彩繪的印度教神像，是馬來西亞的印度教聖地。遊客只要虔誠祈福，法師便會在額頭塗上紅印或白印，象徵賜福灌頂。

Section 7

持劍者的號角
——錫克教聖地

阿姆利則金廟
——上師那納克的人間遊歷

阿姆利則金廟

　　西元 1469 年 4 月，那納克出生於一個印度教徒家庭。因為自幼受到印度教傳統的耳濡目染，所以養成了每天早上沐浴更衣，晚上堅持禱告的習慣。

　　但是當時的官方宗教卻是伊斯蘭教。聰明早慧的那納克白天在學校學習阿拉伯文、波斯文，回到家裡則開始修習梵文，這兩種信仰使幼小的他感到困惑。印度教在穆斯林的環境中怎樣生存與發展？那納克一生都在尋找這個答案。

　　一天早上，那納克到河邊沐浴之後就失蹤了，他的父母在河邊只發現了他的衣物。

上游連著下了好幾天雨以致河水暴漲，他們以為他被河水沖走了。但是三天後他又出現在了人們的視線之中。他表情肅然，沉默不語，像是變了一個人。直到第二天他才開口說話，他說他到了天堂，神遞給他一杯美酒說：「喝下它，我將與你同在。」他喝下美酒，神便選擇了他做人間的使徒。那納克還向人們宣傳說：「既無印度教徒，也無伊斯蘭教徒。神只有一個，在神面前人人平等。」

幾年之後，那納克開始雲遊四方，他走遍了印度和波斯的每一寸土地，與各種不同信仰的人打交道，討論宗教出路等問題。他用通俗易懂的詩歌宣傳自己的思想，建立起自己的信徒組織，追隨他的信徒越來越多。

在他的信徒中有一個商人和一個強盜。這個商人每天都來聽那納克講經，在最後一天鞋底被一根荊棘扎穿，流了很多血。而這個強盜每天偷雞摸狗為非作歹，他在這一天撿到了一個金幣。強盜看到虔誠的商人，嘲笑他道：「你每天聽上師講經反而流血挨痛，我壞事做盡卻能撿到金幣，你還不如跟著我去搶劫呢！」商人也覺得納悶，於是他拉強盜一起來到那納克面前想要問個究竟。

那納克聽完他們的話馬上閉目在內心審視這兩個人的前世今生，一切都了然於心。他對強盜說：「你前世佈施了一個金幣，這個善業本來可能使你在今世得到一罐子的金幣。但是你壞事做得太多，每做一件壞事，金幣就消失一個。今天你正好沒做壞事，於是這最後一個金幣才被你撿到，不然它也會消失。」

然後又對商人說：「你前世是個暴君，殺人無數。今世要用拷打和死刑來償還，但是你每天全心全意地來聽我講經，心裡充滿了善念，於是業債便大大減輕了。今天用荊棘之痛代替拷打和死刑，已經是很好的結果了。」聽完那納克這一席話，兩個人都被感化了，雙雙跪倒在上師腳下請求寬恕他們的罪行。

與別的宗教派別不同，錫克教非常強調上師的作用，把上師視為神的使者。那納克是錫克教的第一任上師，是錫克教的創始人，也是錫克教徒的精神導師。

　　阿姆利則金廟位於印度邊境城市阿姆利則，是一座兼具伊斯蘭教和印度教建築風格的廟宇，但它既非清真寺，也不是印度教廟，是「錫克教聖冠上的寶石」。阿姆利則意為「花蜜池塘」，是錫克教徒心目中的聖地。金廟由錫克教第五代祖師阿爾瓊於西元 1589 年主持建造，迄今已有四百年歷史。在這期間，金廟曾屢遭劫難，又幾經修復重建。西元 1830 年重建時，用了 100 公斤黃金裝飾外表，金廟由此得名。錫克教徒團結友好，樂善好施，金廟往往還擔負著本教慈善中心的職責。

Section 8

大和民族的祭祀傳統
——神道教聖地

伊勢神宮
——天照大神的恩賜

日本

伊勢神宮

　　很久很久以前，混沌初開，清氣上揚，濁氣下沉，慢慢有了天和地。有一男一女兩個神靈，男的叫做伊邪那歧命，女的叫做伊邪那美命。祂們從天而降到了高天原，然後就在那裡結婚，生下了大八州國，這就是日本的由來。

　　伊邪那美命死後，伊邪那歧命因為思念祂，就到黃泉國去找祂，結果被黃泉國的污穢弄瞎了雙眼。伊邪那歧命逃出黃泉國的途中在一條小河裡沖洗雙眼，洗左眼的時候生出一個美麗的女神，天地都被祂照亮。伊邪那歧命心裡高興，於是把祂叫做天照大神，命祂管理高天原。

　　天照大神一來到高天原就照亮了這片土地，祂的兄弟姐妹眾神也很高

284

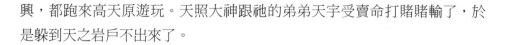

興，都跑來高天原遊玩。天照大神跟祂的弟弟天宇受賣命打賭賭輸了，於是躲到天之岩戶不出來了。

祂不在高天原又變得一片漆黑。有人想出一個辦法，用天安省裡的天堅石和天金山上的鐵造出一面八咫鏡掛在真賢樹上。然後八百萬眾神一起在外面唱歌跳舞想要把天照引出來。

天照在洞裡納悶：「我躲在這裡，高天原什麼也看不見，為什麼祂們還在唱歌跳舞呢？」天宇受賣命在外面大聲叫道：「姐姐，有比祢更尊貴的神來了，所以我們在歌舞慶祝呢！」天照探出頭想看個究竟，這時天兒屋命和天布刀玉命舉起八咫鏡，讓天照對著鏡子看。天照一心照鏡子，一不留神被早早藏在門旁的天手力男神抓住手拉了出來。天布刀玉命在天照的身後繫了一根繩子，防止祂又回到洞裡。

天照大神一出來，高天原立即重回光亮，人們更加高聲地歡笑歌唱起來。後來，人們為了感念天照大神的恩德，便把這面鏡子當作天照大神的化身來祭祀。伊勢神宮建成之後，人們就把八咫鏡供奉在伊勢神宮裡，直到現在仍然受到人們的虔誠膜拜。

眾神離開高天原後，高天原的田地都被眾神踩壞了。還沒到收穫的季節，這樣一來，連第二年的種子都沒有了。於是天照大神派天孫瓊瓊杵尊帶稻種到地上。天孫變成一隻白真名鶴，嘴裡叼著一根巨大的稻穗，這根稻穗有一棵樹那麼大，上面墜著一千個穗子。白真名鶴盤旋了很久，看到皇女倭姬命正為尋找祭拜天照大神的寶地而在伊勢一帶巡迴，於是牠飛到她的面前把稻穗給了倭姬命。倭姬命栽培了白鶴帶來的稻種，並將第一次的收成都獻給天照大神祈求連年豐收。

倭姬命認為這是天照大神的恩賜，就在伊勢建造了伊勢神宮來供奉天照大神。

這種「神嘗祭」直到現在仍然是伊勢神宮最重要的神事。天照大神是日本神話中高天原的統治者與太陽女神，並被奉為當今日本天皇的始祖，也成為神道教的最高神祇。

小知識

伊勢神宮位於日本三重縣伊勢市，始建於西元 690 年。分為內宮和外宮兩個部分，中間隔著一條 4.8 公里長的朝聖路。內宮供奉日本皇室的祖神天照大神，外宮供奉的則是神道教封受大神。另有別宮、攝社、末社、所管社等一連社宮，總稱神宮，通稱為伊勢神宮 125 社。日本朝野上下都將其視為特別崇高的所在，有別於其他神社。自明治天皇起，歷代天皇即位時均會去參拜。在海外出生的日本人則會將自己的頭髮剪下一縷用黃紙包上，委託回國探親的親友帶回供奉到伊勢神宮，以此表明認祖歸宗。

熱田神宮

日本

——草薙神劍的傳說

熱田神宮

　　傳說天照大神在天孫降臨之際贈與瓊瓊杵尊三樣寶物：八咫鏡、八尺瓊曲玉以及草薙劍，被日本皇室尊為「三神器」，象徵著國家的王權。鏡代表正直，玉代表慈善，而劍則代表著武力，左手持鏡、右手執劍、胸前垂璽的王者形象在大和民族的歷史上煜煜生輝。但是草薙劍卻因為某些原因一度被認為是導致了天武天皇疾病的罪魁，在西元 688 年從天皇王宮搬到了熱田神宮供奉。

　　草薙劍又叫天叢雲劍。在江戶時代的藏書《玉籤集》中有關於這把劍的描述：長二尺七、八寸，劍刃似菖蒲葉，劍身很厚。劍身通體白色，劍柄裝飾猶如魚的骨節。在日本的文學作品和漫畫中經常能看到草薙劍的身影，我們就來說一說這把神劍的由來。

在很久很久以前，有一天，創世神之子須佐之男路過一家農戶，他行路日久口渴難耐，想進屋討碗水喝。屋裡住著兩位老人和一個美麗的女孩，但是這個美麗的女孩卻淚眼婆娑，十分傷心。在須佐之男的追問之下，老人告訴他後山有一隻八岐大蛇，每年都要吃七個少女，不然牠發起怒來飛沙走石會讓大家都活不了。老人的幾個女兒都被大蛇吃掉了，明天最小的女兒奇稻田姬也要獻給大蛇。

　　須佐之男亮出自己的十拳劍自告奮勇要去斬殺大蛇。他請奇稻田姬幫他梳兩條辮子偽裝成她的樣子，請老人準備八桶酒，放在後山各處。八岐大蛇受酒香所誘，將八個頭伸進不同的酒桶裡暢飲起來，須佐之男趁機揮起十拳劍把八岐大蛇的頭逐一砍下，然後再斬掉牠的尾巴，在斬斷第四條尾巴時候，他在蛇體內發現一柄寒光凜凜的寶劍，比他的十拳劍還要鋒利。他抬頭看看大蛇頭上的雲，將此劍命名為「天叢雲劍」，獻給了自己的姐姐天照大神。

　　斬殺大蛇後須佐之男並沒有匆匆離去，因為他愛上了奇稻田姬，而奇稻田姬也對這位不世出的英雄芳心暗許，終於在兩位老人的撮合之下結為了夫妻，從此過著幸福的生活。

　　第 12 任日本天皇景行天皇在位的時候，天叢雲劍落到了一個叫倭建的少年手中。倭建是景行天皇之子，素與兄長不和並被其設計陷害遭到了天皇的猜忌。天皇不想讓他待在自己身邊，便把他打發到邊境去征討西方的熊曾。倭建憑著姑母交給他的這把天叢雲劍東征西討戰果纍纍。天皇又命他去東方平定叛亂，他明白天皇不想讓他活在這個世界上。但他的姐姐倭姬鼓勵他並交給他一個救命的錦囊，叮囑他在走投無路的時候才能打開它。

　　重拾勇氣的倭建在尾張與國王的女兒美夜受姬締結婚約，再度向東方前進。在相模之國遇到了生死攸關的一役。當地人騙他荒野中央的大沼澤裡有怪獸，等他進入沼澤時放火包圍了他。倭建進退維谷，忽然想起了倭

姬的話，他打開錦囊發現裡面有一個打火石。倭建拔出神劍將周圍的草都砍倒放火回擊，終於脫離險境將叛亂全部平定。自此以後，天叢雲劍就被人稱為「草薙劍」了。

倭建凱旋而回，他先到尾張與美夜受姬結婚，接著又動身前往吹山討伐惡神。但是這一次他犯了致命的錯誤，把神劍留在了美夜受姬的身邊。厄運一再降臨。他先是將天神所化身的白豬錯認為神的使者並對其口出惡言，緊接著突逢冰雨，急病攻心，最後在歸途中一命嗚呼。這位東征西討的皇子終於以悲劇英雄的形象收場，被後世封為「武尊」，亦被認為是今天日本天皇的直系祖先。

美夜受姬聽聞倭建的死訊悲痛萬分，她拿出所有的錢財，親自監工，在尾張的熱田建立起一座氣勢恢宏的宮社專門奉祀這把尚有倭建掌紋痕跡的「草薙劍」，終其一生一直守護著這把神劍。這座宮社就是現在的「熱田神宮」。這把「草薙劍」，也因此成為日本皇室供奉的三大神器之一，它是日本人心中的神物。

小知識

熱田神宮位於名古屋市的中心地帶，建於景行天皇 43 年，是日本最古老的神社之一，也是日本皇室和神道教的莊嚴聖地。熱田神宮面積 19 萬平方米，採用神明建築風格建造，屋脊用銅板覆蓋，收藏有刀劍等被指定為國家文化財產的大量寶物。現在的熱田神宮不僅僅是祭祀聖地，它與民間百姓的生活也是息息相關。每年到此參拜的民眾絡繹不絕，不少民眾結婚時也來此舉行儀式祈求天神賜福，被親切地稱為「熱田祥宮」。

Section 9
雪域高原的原始信仰
——苯教聖地

孜珠寺
——大鵬神鳥降落的地方

孜珠寺

　　相傳很早以前，從象雄地區飛來一隻大鵬鳥，這是一隻神鳥，其大無比，每天都在孜孜不倦地飛翔著。直到有一天，牠飛到丁青附近上空時，見到一座雪山，便落下休息。不曾想由於體型巨大，雪山竟轟然倒塌。大鵬鳥無法停留，只好又繼續飛，到了一座叫巴大波松的小山上，筋疲力盡的牠只好又小心翼翼地停下，意想不到的是，這座小山竟紋絲不動。大鵬鳥欣慰地笑了，為自己找到了可以休憩的地方。這一笑過後，又想起過去漫長的旅途，受盡風吹雨打，體會過酸、甜、苦、辣，見過東方升起的太陽，也見過紛紛揚揚的鵝毛大雪，見過最浩瀚的大海，也見過夜晚那滿天的流星，想起途中歷經的種種滄桑，不由得流出兩滴晶瑩的淚水。這兩滴眼淚順著小山滾落，成了現在位於丁青牧場上叫布托尕的兩座高山湖泊。

　　大鵬鳥在小山上定居下來後，在布托湖附近產下了三隻顏色各異的水晶蛋，三天後孵化出三個男孩：白色蛋孵化出來的叫孕日苯，黑色蛋孵化出來的叫納日苯，黃色蛋孵化出來的叫札日苯，他們便是瓊布丁青人的祖先。所以，當地人認為自己是神鳥的後代，為了紀念祖先，丁青縣隨處可見大鵬鳥嘴叼毒蛇俯衝降落的圖騰畫。當地的苯教典籍和苯教信徒都把這個神話故事看作是苯教的起源。

　　現在站在孜珠寺，還可以看到百里之外著名的布托湖所在的高山牧場，那就是傳說中大鵬神鳥降落的地方。

小知識

　　孜珠寺位於西藏東部昌都地區丁青縣著名的神山孜珠山上，海拔 4800 米左右，是西藏海拔最高的寺院之一，也是雍仲苯教最古老、最重要的寺廟之一。孜珠寺始建於三千年前，由第二代藏王穆赤贊普宣導，大成就者第一世穆邦薩東大師創建並傳承，至今已是第四十三世。住持喇嘛被尊稱為「孜珠活佛」。經典記載孜珠寺是觀音菩薩的道場。孜珠寺的苯教禪院可系統地講述苯教經典、傳授包括神秘而古老的苯教無上瑜珈等各種修習方法，還存有一種古老的苯教裸體神舞。

瑪旁雍錯

中國

——仁慈的國王

瑪旁雍錯

　　相傳在遠古時期，瑪旁雍錯附近有一個小王國，國王奴邦一向愛戴自己的臣民。

　　國王有一天微服出訪，經過了很多地方，在每個村莊都目睹了不一樣的人。

　　第一個村莊裡面有很多剛剛出生的嬰兒，但是並不是所有的嬰兒都顯得幸福。當然，嬰兒出生都會哭的，可是有的父母卻會為嬰兒哭泣，因為那些嬰兒並不像其他健康的嬰兒，他們嘴巴上有一點缺陷。

　　來到另外一個村莊，村裡面的人都白髮蒼蒼，走路很慢，原來他們知道長壽的秘訣，這本來是好事，可是他們只知道尋求長生之道，卻忘記了

生兒育女。

第三個村莊和第四個村莊共同染上了瘟疫，沒死的人都逃到災情不是十分嚴重的第三個村，這樣第三個村子的情況也越加嚴重了。而第四個村不得不被燒毀，因為病毒太猖獗了。

在走過了眾多村莊之後，國王好像真的經歷了一次生、老、病、死之苦。

回到宮殿後，他問身邊的高僧：「為何人們要經歷這些磨難？」高僧回答：「這是人生不可避免的自然規律。」國王著急地問：「那如何能夠避免這些痛苦和磨難呢？」高僧回答：「積德行善，發放佈施救濟貧苦百姓。」

國王恍然大悟，羞於自己一直過著無憂的生活，而忽略了受苦受難的百姓。於是他不惜動用國庫的財力興建了一座偌大的房屋，在裡面發放衣物、錢財，並煮粥佈施百姓，一直持續了整整十二年。因為善舉持續的時間很長，尤其是煮粥後的米湯被填放在地勢低窪之處，十二年後變成了一個大湖泊，名為瑪追湖。

據說在米湯剛剛倒入湖中的時候非常熱，可是逐漸冷下來後竟變得清涼異常。「瑪追」原來的意思其實就是清涼湖。

而傳說中四條大河馬甲藏布、朗欽藏布、當卻藏布、森格藏布的起源都是因為瑪追湖裡面的米湯外溢所形成。後來神湖又被稱為瑪旁湖，因為這湖集聚著國王的善心，所以據說湖水集聚了八種公德，同時也就變成具有甘、涼、軟、輕、潔淨、不臭、益喉、利腹的神聖之水。瑪旁在藏語中之解為「不負公德」的意思，故又得名瑪旁雍錯。

這片美好而潔淨的湖水養育了這片土地純樸的人民，還孕育了這裡的文化和宗教，所以這裡的人民崇尚這片聖湖。傳說西藏很多高僧大師曾在此地修行，諸如苯教的那日瓊巴、佛教的蓮花生大師、米拉日巴、阿底峽

尊者等，他們都曾為神湖開光、加持，使得瑪旁雍錯在藏族人民心中地位更高更神聖了。

瑪旁雍錯距岡仁波齊峰東南 20 公里處，海拔 4588 米，是世界上海拔最高的淡水湖之一，是中國湖水透明度最大的淡水湖，藏發所稱三大「神湖」之一，也是亞洲四大河流的發源地。瑪旁雍錯在藏語中意為「永恆不敗的碧玉湖」，來自於 11 世紀在湖畔進行的一場宗教大戰，藏傳佛教噶舉派大勝外道黑教，「瑪旁」就是為紀念佛教的勝利而得名。自古以來佛教信徒和苯教徒都把它看作是聖地「世界中心」，歷來的朝聖者都以到過此湖轉經洗浴為人生最大幸事。

中國	墨爾多神山 ——墨爾多奪魁

墨爾多山

　　藏區的各大神山有一年商定，以藏王所在的喜馬拉雅山為中心，東、南、西、北四方各九萬九千九百九十九座神山選送代表出席群神集會，共商歸向和群神冊封立位等具體事宜。

　　會議決定以佛祖經典為依據，透過講經說法、比武來比賽，奪魁者則為神山之首領。

　　集會開始後，各方山神雲集，會場上方有一把龍頭扶手、玉石雕花的椅子，是為奪魁者準備的。突然，東方飛來一位山神，昂首闊步走進會場，見場中無空位，便向四周環顧並詢問，均無人理睬，於是祂便坐在了那把龍頭交椅上。

頓時全場譁然，眾神群起而攻之，說祂不尊敬比賽，目中無人。祂倒不慌不忙地說道：「講經說法排座次，擂臺比武分高低，佛言佛語為依據，何方獲勝歸何方，是本次群神聚會的宗旨，為何場中無我坐席？想必是大家推我登首席的。」說畢拱手向四方群神再三致謝。

群神見此更加激憤，提出讓祂講經說法。誰知這位山神佛法造詣甚深，經過七七四十九天眾神向祂講經答辯，一個個都敗下陣來，第一回合輕易取得完勝。第二回合是比武，經過九九八十一天的激戰，沒人能勝得過祂。眾神甘敗下風，只好奉祂為王。

當祂登位摘帽向眾神致意時，發現祂是禿頂，而且亮得閃閃發光，眾神不約而同地驚呼「墨爾多！」原來佛祖釋迦牟尼早前在世界屋脊看天時，見東方有一處金光閃爍，山河秀麗，人們勤勞善良，便預言將來佛法會在那裡得以傳播和宏揚。所以墨爾多即被稱為「地母土地神山」，又在藏文梵文中寫作「禿頂閃光」。

今天眾神得以幸會墨爾多山神，領教祂那精深的佛法造詣和蓋世武功，不禁由心底折服。

一位遲到的西方山神多爾基不服墨爾多山神，提出要與祂比武爭高下。墨爾多爽快地答應了，還讓祂先動手。多爾基全力揮動神劍向墨爾多砍去，墨爾多只是輕飄飄地騰空跳起，毫不還手，腳下的岩壁上就這樣被刻下一道深深的劍印。

多爾基一連揮刀砍了一百零八次，墨爾多步步躲閃，山腳至山頂也就留下了一百零八道深深的劍砍印痕，如今化作一百級階梯。墨爾多躍到山頂後，眼看再也無處躲閃，於是大喝一聲：「該我還擊了吧！」說著伸手取下神弓，「嗖」地一箭就將多爾基頭上的氈帽射落在地，嚇得多爾基一身冷汗，摸摸頭還在，趕緊向墨爾多認輸折服。至今在墨爾多神山北面有一雄峰，其狀如向墨爾多山躬身哈腰的就是多爾基神山。在它的左後方，

有一小山峰，狀如一頂氈帽，當地藏語稱「梁」，其意就是氈帽。

此次比武後，四周群山皆臣服於墨爾多。祂為山神後，又將周圍諸多神山統統冊封排位。

岡仁波齊
——納木那尼的愛戀

中國

岡仁波齊

　　西藏喜歡把各種高山湖泊比喻成家庭，比如說，喜馬拉雅山系和岡底斯山系就是兩個很有名望的家族。納木那尼是喜馬拉雅山系的一位美若天仙的女子。

　　一天黃昏，納木那尼像往常一樣在草原上趕著羊群回家，忽然被一陣悠揚美妙的歌聲吸引住了，陶醉在歌聲中的她不知不覺朝著歌聲的方向走去，這個深情詠唱的人是岡仁波齊。

　　岡仁波齊用歌聲傾訴自己對納木那尼深深的愛意，這位英俊偉岸、多才多藝的男子很快就吸引住了納木那尼，他們開始了浪漫的熱戀。次年，岡仁波齊到喜馬拉雅家族求婚，迎娶納木那尼為妻，兩人結為神仙美眷。

幸福的日子總是短暫的，而不幸的根源起自一年一度的賽馬節。參加賽馬的有岡底斯山系、喜馬拉雅山系、唐古喇山系等數百名騎手。岡仁波齊以精湛的騎術奪得了桂冠，就在他接受姑娘們獻來的鮮花時，卻被一雙美麗動人的眼睛迷住了，他竟再也忘不了那雙眼睛！

後來他們神奇地相遇了。原來這個美麗的女子叫瑪旁雍，是特提斯海龍王的女兒，因為厭倦海裡的生活，便出來尋找不一樣的生活。她對岡仁波齊也是一見鍾情。

納木那尼剛開始對丈夫每晚外出的行為並不在意，直到一天晚上，她去尋找一隻走失的羊時，恰巧發現岡仁波齊正和一位陌生的女子擁抱著。她明白了一切，不禁心如刀割。

納木那尼希望能用自己的真愛挽回這一切，可是岡仁波齊卻無法控制自己，於是納木那尼在極其痛苦中產生了這樣的念頭：回到娘家去，回到喜馬拉雅山系的大家族中去，希望時間能沖淡這一切。

通過巴嘎爾大草原必須在夜間，如果黎明前沒有走出大草原，黎明神會施用點穴法收她的靈魂，使她變成一座山。她本來可以平安無事地越過這片草原的，可是在巴嘎爾大草原上，她一步一回頭，這份戀戀不捨使她沒能在黎明來臨前走出大草原。納木那尼成了白雪覆蓋的山峰，孤零零地屹立在天地之間。

岡仁波齊清早發現妻子不在身邊，連忙出去尋找，經過同一個地方的他也和納木那尼一樣，被定化成了山形。他與納木那尼峰隔著巴嘎爾大草原遙遙相望，像是在訴說自己的悔恨。

瑪旁雍也沒有逃脫厄運，最後變成了一個湖泊，即瑪旁雍錯，就在納木那尼峰和岡仁波齊大雪山之間。雖然她很想把岡仁波齊的目光吸引過來，

但岡仁波齊最終醒悟，沒有再理她，只是目不轉睛地凝視著因為自己的過錯而變成山的納木那尼峰。

納木措
——札古惡臉的奇遇

中國

納木錯

　　納木措北岸一座不大的山坡上住著一位叫札古惡臉的贊神，他法力無邊，以狩獵為生。

　　有一天，札古惡臉跟往常一樣挎上弓箭、別著大刀去打獵，在路上遇見一條白蛇和一條黑蛇廝殺。那白蛇威風凜凜，鉗嘴卡住黑蛇的頭甩來甩去。札古惡臉一看，覺得白色更加聖潔，既然已經佔據上風，就不用幫忙了，於是就沒有理會，繼續打獵去了。可是當他晚上滿載獵物歸來時，發現黑蛇竟然佔了上風，那山洞般的大嘴死死地掐著白蛇甩來甩去，白蛇奄奄一息。札古惡臉想：如果白色是天神，那麼黑蛇就是惡鬼。他馬上拔出大刀把黑蛇砍成兩截，保住了白蛇的性命。

　　幾天後，札古惡臉又在出獵的路上看見一頭白野牛和一頭黑野牛頂架。

白牛像一座沉穩魁梧的雪山，每一次攻擊都十分強悍，黑牛只能忙於招架，毫無還擊之力。札古惡臉心想：這白牛可能是天神，現在應該已經制住黑牛了，就沒有插手，像上次遇到白、黑蛇爭鬥一樣離開了。可是等札古惡臉晚上歸來的時候，黑牛竟然高舉蓬鬆的牛尾，兩隻鼻孔冒著青煙，白牛已被頂翻在地。札古惡臉心想：不能讓魔鬼傷害了天神啊！於是用野牛肋骨做成的弓箭射死了黑牛。

札古惡臉回到家裡發現多了一個人，這其實是念青唐古喇山神，祂化為凡人相貌，著一身白色衣裳，左手持一短劍，右手握著馬鞭騎著白馬。念青唐古喇山神對札古惡臉說：「朋友，你給我幫了大忙，我決定滿足你三個要求。」

札古惡臉不明緣由：「我沒有幫過誰的忙啊！」念青唐拉山神解釋說：「還記得你這幾天的遭遇嗎？你救了一條白蛇和和一頭白牛，這兩個都是我的神魂動物。所以我要報答你。」

念青唐古喇山神說到做到，打開所有倉門，讓札古惡臉選三樣東西。山神的倉房裡堆滿了金銀珠寶，令人眼花撩亂，弄得平時只會狩獵的贊神一時不知道要什麼好。於是，他決定閉目瞎摸。

第一次他摸到是的鹽，他覺得這裡的都是好東西，就把鹽撒向北方說：「但願能造福人類。」第二次他摸到的是鹼，他再次一把它撒向北方說：「但願能造福人類。」第三次他卻摸到一個疙疙瘩瘩的東西，他也不知道是什麼，於是和前兩次一樣，也抓了一把說：「但願能造福人類。」就撒了出去。殊不知，這一次撒向北方的東西竟然是炭疽菌。

小知識

納木措位於當雄縣城西北方約 60 公里的山區，是世界上海拔最高的大湖，中國第二大鹹水湖。納木措藏語意為「天湖」，是西藏三大聖湖之一，也是藏傳佛教聖地。12 年一次的「羊年轉納木措」是藏傳佛教的一次盛會，屆時會有成千上萬名佛教信徒圍繞總面積 1920 平方公里的納木措轉經。

Section 10

護航女神祝福的聖地

媽閣廟
——護航女神顯靈

中國澳門

媽閣廟

　　在湄洲之西有一個地方叫文夾，為湄洲灣出入的要衝，這裡礁石夾雜。有一次有艘商船經過這裡突遭巨風襲擊，船角觸礁，海水湧進船艙，情況十分危急，船中人哀嚎求救。在這緊急關頭，媽祖信手找了幾根小草拋向大海，瞬間變成了幾棵大杉木，流向船邊，附在商船的四周，使船不至於沉沒。過了一陣，風浪終於平息，船中人以為是天可憐見令其不死，無不開心歡呼。等到船快要靠岸時，人們忽然發現大衫木不知去向，好奇地詢問鄉人，才知道是媽祖用祂的神奇功力化草成杉，附於舟旁，救了他們的性命。

　　明朝年間，有一個穿著破爛的女子打算乘船前往澳門，渡船的船主看她的穿著，怕她沒錢付船費，便一口拒絕了。後來，一位善良的漁民願意

免費載她。在航行途中，怪事出現了，狂風暴雨不斷，漁民周圍航行的所有船隻都被摧毀了，漁民也驚恐萬狀，擔心自己這次凶多吉少。船上的女子卻神情鎮定，還告訴漁民不要擔心，好好划船，一定會平安抵岸的。漁民半信半疑，直到航行結束，果然如女子所說的安然無恙。到達澳門後，那個衣衫襤褸的女子登上岸，隨即化為一縷青煙，消失在遙遠的天際。漁民這才知道，這位女子是媽祖娘娘的化身，來幫助他化險為夷的。為了感謝媽祖娘娘的護航之恩，漁民在祂上岸的地方建立了媽閣廟。

萬曆年間，一幫福建商人運貨到澳門，當船航行到現在的娘媽角海面時，突然遇到特大颱風，平靜的海面一下子就浪濤洶湧，船隻眼看就要傾覆。商人們以為是龍王發怒，不見血風浪就不會平息，在無計可施中，只能祈求媽祖保佑。過了一會兒，在對面山上的雲端竟然真的出現了一團白光，中間儼然站著一位秀潔無瑕的女子。只見她錦袖一揮，原來惡浪狂翻的大海好像一隻被馴服了的野獸似的，一下子就風平浪靜了。商人們明白是媽祖顯靈，上岸後紛紛到媽祖廟供奉祭品、感激朝拜。

護航女神媽祖就是這樣解救了一支支遇難受困的船隊，在祂的庇護下，這片蔚藍莫測的大海也顯得親切與溫暖了。

小知識

媽閣廟座落在澳門半島西南隅的內港入口處，原稱媽祖閣，俗稱天后廟，為澳門最著名的名勝古蹟之一，初建於明弘治元年（1488 年），距今已有五百多年的歷史。媽閣廟是澳門三大古剎（媽閣廟、觀音堂、蓮峰廟）中歷史最悠久的，如今已成為旅遊勝地，「媽閣紫煙」是名聞遐邇的澳門八景之一。

國家圖書館出版品預行編目資料

100個宗教聖地，100個故事／彭友智編著.
－－第一版－－臺北市：知青頻道出版；
紅螞蟻圖書發行，2013.1
面　　公分－－(經典；3)
ISBN 978-986-6030-52-9（平裝）

1.世界地理 2.聖地

716　　　　　　　　　　　101024584

經典 3

100個宗教聖地，100個故事

編　　著／彭友智
美術構成／Chris' office
校　　對／周英嬌、楊安妮、朱慧蒨
發 行 人／賴秀珍
總 編 輯／何南輝
出　　版／知青頻道出版有限公司
發　　行／紅螞蟻圖書有限公司
地　　址／台北市內湖區舊宗路二段121巷19號（紅螞蟻資訊大樓）
網　　站／www.e-redant.com
郵撥帳號／1604621-1　紅螞蟻圖書有限公司
電　　話／(02)2795-3656（代表號）
傳　　真／(02)2795-4100
登 記 證／局版北市業字第796號
法律顧問／許晏賓律師
印 刷 廠／卡樂彩色製版印刷有限公司
出版日期／2013年1月　第一版第一刷
　　　　　2018年6月　　　　第三刷

定價 300 元　　港幣 100 元

ISBN　978-986-6030-52-9　　　　　Printed in Taiwan